Paula Weinbach

AUSGEGRÜBELT!

Grübeln stoppen in der Praxis.

*Schritt für Schritt negative Gedanken stoppen, innere Blockaden lösen, positiver Denken und innere Ruhe finden.
Mit 4 Wochen AntiGrübel Plan für Anfänger.*

Originale Erstausgabe Dezember 2019
verlegt durch KR Publishing.

Copyright © 2019 Paula Weinbach

Das Werk einschließlich aller Inhalte ist urheberrechtlich geschützt. Alle Rechte vorbehalten. Nachdruck oder Reproduktion (auch auszugsweise) in irgendeiner Form (Druck, Fotokopie oder anderes Verfahren) sowie die Einspeicherung, Verarbeitung, Vervielfältigung und Verbreitung mit Hilfe elektronischer Systeme jeglicher Art, gesamt oder auszugsweise, ist ohne ausdrückliche schriftliche Genehmigung des Autors untersagt. Alle Übersetzungsrechte vorbehalten.

Copyright © 2019 KR Publishing
Alle Rechte vorbehalten

2. Auflage

Bibliografische Information der Deutschen Nationalbibliothek

Die Deutsche Nationalbibliothek verzeichnet diese Publikation in der Deutschen Nationalbibliografie, detaillierte bibliografische Daten sind im Internet unter https://portal.dnb.de abrufbar.

Druck/ Auslieferung: Amazon oder Tochtergesellschaft
Independently published

ISBN:
978-3-948593-05-6 [Taschenbuch]
978-3-948593-04-9 [ebook]

Inhalt

Vorwort 5
Unser Geschenk für dich! 6
Kapitel 1: Die Macht der Gedanken 7
Was sind Gedanken? 7
Mind over matter und das magische Dreieck 11
Die innere Stimme und innere Blockaden 12
Zwangsgedanken - wenn Gedanken zur Obsession werden 14
Kapitel 2: Grundlagen zur Gedankenkontrolle 17
Chancen und Grenzen der Gedankenkontrolle 17
Gedanken kontrollieren - aber wie? 19
Kontrolle vs. Zwang 20
Kapitel 3: Das große Grübeln 22
Unproduktives Nachdenken in Dauerschleife 22
Ursachen - warum grübeln wir? 24
Die Auswirkungen des Grübelns 27
Das Grübeln als Symptom 31
Wenn Grübeln krank macht - wie viel Grübeln ist „normal"? 32
Selbsttest: Denkst du noch oder grübelst du schon? 32
Auswertung 39
Kapitel 4: Das Grübeln begraben 42
Bedürfnisfragebogen: Bist du dir selbst wichtig genug? 42
Auswertung 45
Der Schlüssel zum Erfolg - Lenkung statt Verbot 46

Stop and Lead - Gedankenlenken leicht gemacht......47

Vom Handeln ins Denken 50

Gedanken neutral zurückführen 50

Kapitel 5: Die ersten Schritte - Beginne bei dir **53**

Nimm dich ernst und wichtig......53

Identifiziere und minimiere Stressoren 55

Ernähre dich richtig......61

Schlafe ausreichend 62

Kapitel 6: Langfristig weniger Grübeln **65**

9 Schritte gegen das Grübeln 65

7 Tipps - Grübeleien effektiv vorbeugen......70

Kapitel 7: Wichtige Skills - Von Achtsamkeit bis Social Detox **74**

Kapitel 8: Wie Außenstehende Grübler unterstützen können **107**

Kapitel 9: Grübelfrei in 4 Wochen......**110**

Die drei goldenen Regeln 110

Woche 1......111

Woche 2 114

Woche 3 116

Woche 4 118

Dein Fazit 121

Schlusswort......**122**

Weitere Werke von KR Publishing **123**

Lust auf mehr? Unser Geschenk an dich! **125**

Impressum **126**

Vorwort

Grübeln gehört zur menschlichen Natur dazu. Täglich wird man mit Situationen konfrontiert über die man intensiver nachdenkt. Solche Situation belasten die eine Person mehr und die andere Person weniger. Dementsprechend gibt es die Menschen, die normal grübeln und diejenigen, die unentwegt grübeln. Sobald man an diesen Punkt angekommen ist, nimmt das Grübeln einen so in Beschlag, dass man sich in seinem Leben einschränkt. Wenn es so weit gekommen ist oder zeitnah darauf hinausläuft, sollte man nicht länger warten, sondern handeln und sich nicht länger von den immer kreisenden Gedanken beherrschen und bestimmen lassen. Dabei soll dir dieses Buch helfen und dir endlich einen Ausweg aus dem Gedankenkarussell aufzeigen. Denn auch wenn es dir zurzeit aussichtslos erscheint, muss es nicht dein ganzes weiteres Leben lang so bleiben.

In diesem Buch wirst du zunächst in die Grundlagen des Grübelns und das Zustandekommen von Gedanken und Grübeln eingeführt. Anschließend bekommst du einen umfassenden Plan, um dem Grübeln ein Ende zu setzen und langfristig dem Gedankenstrudel zu entkommen, sodass das lästige Grübeln der Vergangenheit angehört. Damit du nicht mehr länger abwartest, sondern direkt nach diesem Buch starten kannst, folgt zu guter Letzt ein umfangreicher 4-Wochen Plan, mithilfe dessen du leicht in deinem Alltag integriert, gegen das Grübeln Stück-für-Stück vorgehen kannst.

Grübel nicht länger darüber nach, ob du es schaffen kannst, sondern starte *JETZT* in ein grübelfreies Leben.

Dabei wünsche ich dir ganz viel Erfolg.

Darla Weinbach

Unser Geschenk für dich!

Vielen Dank für den Kauf von diesem Buch und deinem damit verbundenen Vertrauen in uns als Herausgeber und in Paula Weinbach als Autorin dieses großartigen Buchs. Das bedeutet uns wirklich viel, weshalb wir dir den Ratgeber „Habit Hacks - 10 unscheinbare Schlüssel Gewohnheiten, die dein Leben verändern," als Download schenken - vollkommen gratis! Zudem möchten wir dir die Möglichkeit eines direkten Austauschs mit der Autorin anbieten. So kannst du z.B. deine Fragen, dein Feedback oder deine Anregungen Paula zukommen lassen - eine tolle Möglichkeit für die Kommunikation zwischen Leser und Autorin!

Diese kleinen und unscheinbaren Schlüssel Gewohnheiten verändern dein Leben - erfahre:

✓ wie eine kleine Veränderung beim Duschen deine Disziplin stärkt und dir einen Energiekick verschafft...

✓ wie eine Prise Salz dir einen Kickstart am Morgen verschaffen kann...

✓ wie eine kleine Einstellung an deinem Smartphone & Computer deinen Schlaf verbessert...

✓ und noch weitere geniale und unscheinbare Habit Hacks!

Wenn du bereit bist, dein Leben mit einigen simplen Habit Hacks auf das nächste Level zu bringen, dann schaue am Ende nach deinem persönlichen Zugang.

Kapitel 1: Die Macht der Gedanken

Über manche wird geredet, über manche geschwiegen, einige sind sehr präsent, andere nur flüchtig und manche möchte man einfach nur loswerden: Gedanken. Der Philosoph René Descartes formulierte den bekannten Grundsatz "Ich denke, also bin ich" und hat damit ein Statement gesetzt, das Philosophen und Wissenschaftler gleichermaßen beschäftigt und fasziniert. Die Gedanken werden häufig als Kraft beschrieben, als mächtiges Instrument, als Essenz des Menschen und als Waffe. Doch was sind Gedanken eigentlich? Wo kommen sie her und wie entstehen sie? Im ersten Kapitel dieses Buches begeben wir uns auf die Suche nach den Antworten auf diese fundamentalen Fragen und betreten die Welt der Gedanken.

Was sind Gedanken?

Diese Frage scheint zunächst recht simpel zu sein, ist aber alles andere als das. Sie ist höchst komplex und kann nicht auf einfachem Wege beantwortet werden. Für den einzelnen Menschen, der sich nicht mit den Neurowissenschaften auskennt, ist ein Gedanke schlicht und einfach ein "etwas" im und aus dem eigenen Kopf. Ein nicht materielles "etwas", das scheinbar unwillkürlich kommt und geht, aber auch bewusst hervorgerufen werden kann. Bittet man einen Neurowissenschaftler zu definieren, was ein Gedanke ist, fällt dessen Antwort sehr viel konkreter aus: Ein Gedanke ist eine neuronale Repräsentation der Wahrnehmung im Gehirn.

Lange Zeit ging die Wissenschaft davon aus, dass Gedanken fix mit Neuronen, also Nervenzellen, im Gehirn verbunden sind. Dieser Ansatz geht auf den polnischen Neurophysiologen Jerzy Konorski zurück. 1967 stellte Konorski seine "Theorie der gnostischen Gedanken" auf, die besagt, dass jedes Objekt eines Gedankens einem einzelnen Neuron oder einer Gruppe von Neuronen entspricht. Das gilt für alles, was das Denken umfasst, also für Gegenstände, genauso wie für Tätigkeiten und Personen. Du kannst dir das folgendermaßen vorstellen:

Wenn du an deine Mutter denkst, wird die "Mutter-Nervenzelle" aktiv, beziehungsweise muss die "Mutter-Nervenzelle" aktiv sein, damit du an deine Mutter denken kannst. Was schlüssig klingt, entspricht, wie wir heute wissen, leider nicht der Realität. Zwar gibt es solche Gedanken-Neuronen Zusammenhänge tatsächlich, sie stellen aber die absolute Ausnahme dar. Würde unser Gehirn so funktionieren, wie Konorski es verstand, müsste für jedes jemals erfasste Objekt mindestens eine Nervenzelle vorhanden sein. Außerdem müsste es "leere" Nervenzellen geben, die, bei Bedarf, mit neu erfassten Sub- und Objekten "gefüllt" werden könnten. Zwar besitzt das menschliche Gehirn etwa 100 Milliarden Nervenzellen, doch nach Jahrzehnten der intensiven Forschungsarbeit deutet nichts auf das Bestehen entsprechender Strukturen hin. Konorskis Theorie trifft also höchstens in sehr eingeschränktem Rahmen zu.

Auch wenn das Rätsel um die Entstehung der Gedanken bis dato keineswegs gelüftet werden konnte, zeichnen zahlreiche Studien und Experimente in der Summe zumindest ein wages Bild dessen, was unsere Gedanken sind. Ein Gedanke entsteht nicht in einer Nervenzelle und auch nicht in einer Gruppe von Neuronen, sondern durch die Zusammenarbeit ganz verschiedener Areale im Gehirn. Während eine dieser Regionen Informationen, die über die menschlichen Sinne gewonnen werden, analysiert, kümmert sich eine andere um die Verknüpfung dieser Informationen mit gemachten Erfahrungen und eine dritte bemüht sich, Worte zur Benennung einer Situation oder eines Objektes zu finden. Ein Gedanke kann also nicht punktuell lokalisiert werden, sondern tritt über das Gehirn verteilt in Erscheinung. Auch wenn dies noch nicht eindeutig erwiesen ist, ist davon auszugehen, dass die Erinnerung eine beträchtliche Rolle bei der Entstehung von Gedanken, beziehungsweise bei der Fähigkeit, überhaupt Gedanken entwickeln zu können, spielt. Du kannst nur an Objekte denken, die du kennst. Dabei ist es egal, ob du diese aus eigener Erfahrung, aus einem Film, einem Buch oder einer Erzählung kennst. Um an einen Strandurlaub zu denken, musst du nicht am Strand gewesen sein. Du kannst dir, dank der Informationen, die du anderweitig über den Strand gewonnen hast, ein recht genaues Bild von diesem machen und an ihn denken. Zudem kannst du Informationen kombinieren, zerstückeln und neu zusammensetzen. Wenn du beispielsweise weißt, wie Affen und Löwen aussehen, kannst du an einen Affen-Löwen, beispielsweise an einen Affen mit Löwenmähne und langem Schwanz, denken. Deine Gedanken spiegeln nicht die Realität wider, sondern bilden sich aus deiner erfahrenen Welt, die sich wiederum auf deine Wahrnehmung stützt.

Der Mensch erlebt die Welt über die fünf Sinne: das Sehen, das Hören, das Tasten, das Riechen und das Schmecken. Die Reize, die über die Sinne wahrgenommen werden, werden im Gehirn quasi zur subjektiven Realität zusammengesetzt. Zwei Menschen, die die exakt selbe Situation erleben, nehmen diese möglicherweise sehr unterschiedlich wahr und erinnern sich entsprechend verschieden. Der eine kommt beim Gedanken an Omas siebzigsten Geburtstag ins Schwärmen, hat den süßen Apfelkuchenduft in der Nase, erinnert sich an die schön gesungenen Lieder und an den guten Witz, der erzählt wurde. Der andere denkt dabei hingegen an das endlos schreiende Baby von Tante Simone, den kalten Kaffee und den harten Stuhl, auf dem er den ganzen Nachmittag sitzen musste. Beide Erinnerungen sind real und richtig für den jeweils Denkenden.

Die meisten Gedanken werden von Erinnerungen, also von gemachten Erfahrungen, beeinflusst. Erfahrungen schlagen sich wiederum in neuronalen Verknüpfungen nieder. Durch Bestätigung werden diese Verknüpfungen gestärkt, durch Widerlegung gefestigt. Um die Bedeutung dieser Tatsache zu verdeutlichen, bedienen wir uns eines recht einprägsamen Beispiels: Als du zum ersten Mal versucht hast, einen Hund zu streicheln, wurdest du gebissen. Wenn dir seither ein Hund begegnet, denkst du vielleicht, dass er süß ist und du ihn gerne streicheln würdest, du denkst aber sicherlich auch an den Hundebiss und die damit verbundenen Schmerzen. Du denkst nicht "Ich will ihn streicheln!" sondern "Sollte ich ihn streicheln?" Traust du dich nun, den Hund zu streicheln, handelst du bewusst gegen das, was dir deine Erfahrung sagt. Streichelst du anschließend immer wieder Hunde, ohne gebissen zu werden, wird die neuronale Verknüpfung "Hund-

Gefahr" schwächer und die Verknüpfung "Hund-Harmlos" stärker. Mit der Zeit denkst du, wenn du einen Hund siehst, also immer weniger an den Biss und immer mehr an das weiche Fell und das freudige Schwanzwedeln. Bezüglich der neuronalen Verknüpfungen kannst du dir dein Gehirn, beziehungsweise deinen gesamten Organismus, als Computer vorstellen. Die Hardware ist dein Körper, der Nervenzellen besitzt und Reize über die fünf Sinne wahrnehmen kann. Die Verknüpfungen sind die Software, mit der du deinen Körper bespielst.

Die ersten Erfahrungen, die du machst, werden hochgeladen und stehen in keiner Verbindung zueinander. Sie sind alle als separate Dateien abgelegt und werden separat bewertet, also beispielsweise als gut oder schlecht, angenehm oder unangenehm, gefährlich oder harmlos eingestuft. Mit der zweiten Erfahrung einer Art - also beispielsweise mit dem zweiten Kontakt zu Hunden -, die hochgeladen wird, wird die entsprechende Datei neu bewertet. Der Computer kann dabei aber schlecht differenzieren.

Wird Erfahrung 1 als gut und Erfahrung 2 als schlecht bewertet, entsteht eine Dateibewertung von "mittelmäßig". Machst du nun die dritte Erfahrung dieser Art, wird sie von vorne herein von der Bewertung "mittelmäßig" beeinflusst. Jede weitere Erfahrung lässt die Bewertung entweder in Richtung "gut" oder "schlecht" ausschlagen. Alle Gedanken, die mit der Datei zu tun haben, sind von der bestehenden Bewertung geprägt. Durch Erfahrungen, die sich ähneln, aber zwei verschiedene Dateien betreffen, werden die Dateien in einen gemeinsamen Ordner abgelegt. Ihre separaten Bewertungen werden nun im Zusammenhang um eine gemeinsame Bewertung ergänzt. Diese Darstellungsweise ist natürlich stark vereinfacht, dürfte dir das Prinzip aber näherbringen. Die vielen Dateien und Ordner in deinem Gehirn - also deine komplette Software - bestimmen, wie du die Welt nun wahrnimmst und was genau du denkst.

Mind over matter und das magische Dreieck

Um zu verstehen, welche Macht die Gedanken besitzen, musst du die Verbindung zwischen Gefühlen, Gedanken und Verhalten kennen. Diese drei Bausteine bilden ein Dreieck. Oben steht das Gefühl, links unten der Gedanke und rechts unten das Verhalten. Die Bausteine können nicht einzeln bestehen, sondern beeinflussen sich gegenseitig. Das Gefühl wirkt sich auf den Gedanken und das Verhalten aus, der Gedanke auf das Gefühl und das Verhalten und das Verhalten auf den Gedanken und das Gefühl.

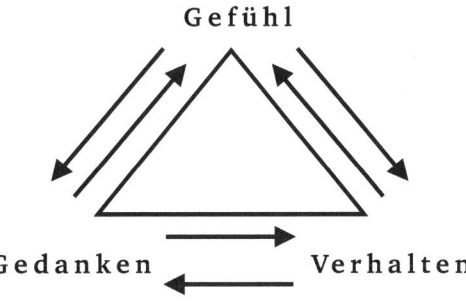

Auch hier sehen wir uns zugunsten des Verständnisses ein Beispiel an: Wenn du dich einsam fühlst, tendieren deine Gedanken dazu, sich mit der Einsamkeit zu befassen, dir wird erst recht bewusst, wie einsam du bist und du ziehst dich noch mehr zurück - schließlich bist du ja einsam. Andersherum sorgt der Gedanke "Ich bin so einsam" für ein Gefühl der Einsamkeit und das Verhalten passt sich wieder nahezu automatisch an. Steht das Verhalten am Anfang, ziehst du dich zurück, dadurch fühlst du dich einsam und es entstehen Einsamkeitsgedanken. Man könnte sagen, du befindest dich in einem "Teufelsdreieck".

Um eine Veränderung im Ganzen zu bewirken, muss nur ein Baustein verändert werden. Da sich Gefühle nur schwer greifen, geschweige denn direkt verändern lassen, bieten sich die Gedanken oder das Verhalten an. Bleiben wir bei unserem Beispiel, könntest du bewusst an deine Freunde und deine Familie denken und dir so vor Augen führen, dass du vielleicht gar nicht so einsam bist, wie du dich fühlst. Oder du könntest eine Freundin anrufen und dich zeitnah auf einen Kaffee verabreden, um der Einsamkeit zu entkommen. Durch die Veränderung des einen Bausteins der Gedanken oder des Verhaltens, wird eine Veränderung der beiden übrigen Bausteine angestoßen. Wahrscheinlich kennst du den Spruch "Mind over matter". Er besagt nichts anderes, als dass die Gedanken die Macht besitzen, die subjektive Realität zu verändern. Denn letztendlich sind Gefühle, Gedanken und Verhalten das, was deine Existenz ausmacht.

Die innere Stimme und innere Blockaden

Jeder Mensch hat eine innere Stimme. Sie ist es, die das äußere Geschehen in deinem Inneren kommentiert und zu dir spricht, auch wenn du sie nicht hören willst. Die innere Stimme sagt dir, was du gerade denkst und fühlst und kann manchmal ganz schön nerven. Schließlich ist es unmöglich, sich selbst nicht zuzuhören. Fakt ist aber: Ohne deine innere Stimme wärst du ziemlich verloren. Der Mensch sehnt sich stetig nach Orientierung und braucht die innere Stimme daher, um sich zurechtzufinden. Die innere Stimme verleiht deinen Gedanken Nachdruck und rückt sie weiter in dein Bewusstsein. Sie sorgt dafür, dass ein Gedanke nicht unbewusst bleibt und ermöglicht es dir, ihn tatsächlich zu greifen. An und für sich ist die innere Stimme also etwas wirklich Gutes. Schwierig wird es nur, wenn sie sich gegen dich - also eigentlich gegen sich selbst - wendet. In der Psychotherapie wird sie dann häufig "innerer Kritiker" oder "Entwerter" genannt. Der innere Kritiker zeigt sich oft hämisch, gemein, boshaft und gnadenlos direkt und kann die subjektive Realität enorm beeinflussen. Er hat immer etwas auszusetzen, reitet gerne stundenlang auf kleinen Fehlern herum und wird nicht müde zu betonen, wie wertlos, dumm, hässlich oder unfähig man ist. Natürlich ist der innere Kritiker ein

Die innere Stimme und innere Blockaden

Produkt des eigenen Gehirns, was es umso schwerer macht, ihn zu bekämpfen. Schließlich weiß er genau, was gedacht und gefühlt wird. Er sitzt quasi an der Quelle und trinkt gierig daraus, um, ausgehend von den Gedanken, die Gefühle und das Verhalten zu beeinflussen. Oftmals ist er ein Spezialist darin, Grübeln auszulösen und dafür zu sorgen, dass es nicht so schnell wieder aufhört. Wichtig ist die Erkenntnis, dass der innere Kritiker nicht nur Auslöser, sondern vielmehr eine Folge ist. Eine Folge dessen, was dir von außen eingetrichtert wurde und was du selbst in deinem tiefsten Inneren empfindest.

Von einer inneren Blockade ist die Rede, wenn tief verankerte Glaubenssätze dazu führen, dass man unfähig ist, sich so zu verhalten, wie man es eigentlich möchte. Bekannte Übeltäter, die zur Aufrechterhaltung innerer Blockaden beitragen, sind der eben angesprochene innere Kritiker, sowie der allgemein bekannte *innere Schweinehund*. Beide gehen oftmals Hand in Hand. Wenn du dich beispielsweise endlich aufraffen möchtest, um ins Fitnessstudio zu gehen, sagt dir deine innere Stimme in Form des Kritikers, dass du zu fett bist, um dich dort blicken lassen zu können und der Schweinehund wirft passenderweise ein, wie nett es wäre, den Morgen einfach allein auf der Couch zu verbringen. Dahinter könnten beispielsweise die Glaubenssätze "Meine Figur bestimmt meinen Wert" oder "Ich bin einfach faul und kann keinen Spaß am Sport haben" stecken.

"Mind over matter" nimmt im Zusammenhang mit inneren Blockaden eine andere Ebene an. Der Glaubenssatz selbst ist durch Gefühle, Gedanken und Verhaltensweisen entstanden. Die Verknüpfung im Gehirn ist so stark, dass sie übermächtig wirkt und die dahintersteckenden Vorgänge verschwinden hinter der Wahrnehmung des Glaubenssatzes als Tatsache. Allein die Gedanken, deren bewusstes Lenken und Einsetzen haben die Macht, Entwerter zu entkräften, Schweinehunde zu überwinden und innere Blockaden zu lösen.

Zwangsgedanken - wenn Gedanken zur Obsession werden

Zwangsgedanken sind Gedanken einer hohen Intensität, die sich dem Betroffenen aufdrängen und sich seiner Kontrolle entziehen. Sie tauchen häufig auf, lassen sich nicht abschütteln und sind oft so präsent, dass sie jeglichen "normalen" Gedankengang verdrängen. Solche Gedanken sich meist bizarrer Natur und Betroffene können selbst nicht verstehen, warum sie diese quälenden Gedanken haben. Verbunden sind Zwangsgedanken in vielen Fällen mit starken Impulsen, denen Betroffene mit aller Kraft zu widerstehen versuchen. Bildhafte, die Zwangsgedanken begleitende Vorstellungen sind ebenfalls keine Seltenheit. Auch wenn Zwangsgedanken ganz unterschiedliche Themen aufgreifen können, gibt es bestimmte Muster, die besonders gängig zu sein scheinen.

Dazu gehört unter anderem *die Ansteckung*. Der Betroffene muss ständig daran denken, welche potenziellen Gefahren von keimverseuchten Personen und Objekten ausgehen und vermeidet es in der Folge, Türklinken anzufassen, Menschen die Hand zu geben oder sich in Gegenwart vieler Personen aufzuhalten. Ebenfalls häufig ist ein *zwanghaftes Streben nach Ordnung* und/oder Symmetrie. Wer unter Zwangsgedanken leidet, ist sich meist bewusst, dass diese Gedanken irrational sind, ist aber nicht in der Lage, irgendetwas dagegen zu unternehmen. Je nach Stärke und Häufigkeit der Zwangsgedanken beeinträchtigen diese die Lebensqualität und den Alltag von Betroffenen in enormem Maße.

Insbesondere Zwangsgedanken, die sich mit Aggressionen befassen, haben eine erschreckende Qualität und jagen dem Betroffenen Angst ein. Ein Beispiel: Betroffene, frischgebackene Mütter berichten, unwillkürlich Gedanken daran zu entwickeln, ihr schreiendes Kind fallen zu lassen oder zu würgen. Tritt ein solcher Gedanke einmalig auf und wird ihm keine weitere Bedeutung zugemessen, verschwindet er normalerweise, ohne tiefgreifende Belastungen nach sich zu ziehen. Zwangsgestörte Menschen tendieren aber dazu, sich aktiv mit dem Gedanken auseinanderzusetzen und gegen ihn anzukämpfen, wodurch er immer mehr in den Fokus rückt, mächtiger wird und schließlich nicht mehr loszuwerden ist.

Es ist gerade die *Fixierung auf einen Gedanken*, die diesen zum Zwangsgedanken macht. Die klassische Behandlung einer Zwangsstörung mit dem Symptom Zwangsgedanken basiert auf psychotherapeutischen Elementen, die eventuell mit medikamentösen Komponenten kombiniert werden. Wichtig ist, dass Betroffene sich Hilfe suchen, denn auf eigene Faust haben sie wenig Chancen, die Sache in den Griff zu bekommen.

Das Wichtigste in Kürze

- Wissenschaftlich gesehen ist ein Gedanke eine neuronale Repräsentation der Wahrnehmung im Gehirn.

- Häufig gemachte Erfahrungen derselben Art erzeugen eine starke entsprechende Verbindung im Gehirn. Werden entgegengesetzte Erfahrungen gemacht, wird die ursprüngliche Verknüpfung schwächer und eine neue kann sich stärken.

- Gefühle, Gedanken und Verhalten stehen in direktem Zusammenhang und beeinflussen sich gegenseitig.

- Jeder Mensch hat eine innere Stimme, die Gedanken einwirft und dem, von Natur aus nach Sicherheit strebenden, Menschen zur Orientierung dient. Die innere Stimme kann aber auch als "innerer Kritiker" oder "innerer Schweinehund" auftreten, sodass dem Betroffenen von der eigenen inneren Stimme Steine in den Weg gelegt werden.

- Innere Blockaden gehen meist auf tief verankerte Glaubenssätze zurück und führen dazu, dass der Betroffene sich nicht so verhalten kann, wie er es eigentlich gerne würde. Nur die Macht der Gedanken kann innere Blockaden lösen und hinderliche innere Stimmen besiegen.

- Zwangsgedanken sind sehr intensive, immer wieder auftauchende und oft sehr bizarre Gedanken. Sie können auch von bildhaften Vorstellungen begleitet werden, wobei der Betroffene das Gefühl hat, jede Kontrolle über seine Gedanken verloren zu haben.

- Betroffene sollten sich professionelle Hilfe suchen, denn Zwangsgedanken sind häufig ein Symptom einer tiefergehenden Zwangsstörung und können prinzipiell - zum Beispiel psychotherapeutisch und medikamentös - behandelt werden.

Kapitel 2: Grundlagen zur Gedankenkontrolle

Viele Menschen assoziieren mit dem Wort Gedankenkontrolle grausame staatliche Experimente und allerhand Science-Fiction. Wir befassen uns hier ausdrücklich nicht damit, die Gedanken anderer gewaltsam unter Kontrolle zu bringen, sondern beschränken uns darauf, inwiefern wir unsere eigenen Gedanken kontrollieren können.

Chancen und Grenzen der Gedankenkontrolle

Eines vorweg: Es ist schlicht und einfach unmöglich, all deine Gedanken zu kontrollieren. Dafür ist der Mensch nun einmal nicht gemacht. Es ist vollkommen natürlich und gesund, spontane Gedanken zu entwickeln und von Zeit zu Zeit negativ zu denken. Bei der Gedankenkontrolle geht es daher nicht darum, dein gesamtes Denken von A bis Z unter Kontrolle zu bringen. Das wäre auch nicht wünschenswert. Wenn du deine Gedanken immer unter Kontrolle hättest, würde ein großer Teil deiner Kreativität verloren gehen und du würdest vermutlich auch den Bezug zu deinen eigenen Gefühlen verlieren. Es geht daher vielmehr darum, an den richtigen Stellen eingreifen, die Gedanken bewusst steuern und das eigene Leben dadurch gezielter gestalten zu können. Unerwünschte Gedanken sollen nicht im Keim erstickt, sondern produktiv in neue Bahnen gelenkt werden. Die mentale Fähigkeit, seine eigenen Gedanken kontrollieren zu können, bringt die folgenden Vorteile mit sich:

✓ Verständnis und Überblick

Bist du dir dem größten Teil deiner Gedanken bewusst, lernst du dich selbst besser kennen, erfährst mehr darüber, wie du eigentlich tickst und bekommst einen Überblick über dein mentales Befinden. Je mehr

Gedanken dagegen unbewusst an dir vorüberziehen, desto mehr Hinweise, die womöglich hilfreich und wichtig wären, gehen dir verloren. Menschen, die ihre Gedanken nur sporadisch wahrnehmen, wundern sich oft, was genau mit ihnen "nicht stimmt" oder warum es ihnen so geht, wie es ihnen geht. Die Antwort hätten sie in ihren eigenen Gedanken gefunden, wenn sie diesen aufmerksam zugehört hätten. Erst wenn du lernst, deine Gedanken zu kontrollieren, wirst du bemerken, wie sehr du dich zuvor von deinen Gedanken hast kontrollieren lassen.

✓ Produktivität

Es gibt sowohl produktive, als auch unproduktive Gedanken. Der Gedanke "Ich werde immer ein schüchternes Mauerblümchen sein" ist unproduktiv, während "Ich möchte selbstbewusster werden" produktiv ist. *Unproduktive Gedanken* erkennst du daran, dass sie nirgendwo hinführen. Sie drehen sich im Kreis, belasten dich wahrscheinlich, zielen aber gar nicht darauf ab, zu einer Lösung zu kommen.

Produktive Gedanken gehen voran, anstatt auf der Stelle zu stehen und tragen zu einer Lösung, einer Erkenntnis oder einer Idee bei. Die Gedankenkontrolle lehrt dich, unproduktive Gedanken in produktive umzuwandeln. Mit etwas Übung gewöhnt sich dein Gehirn an den Vorgang, sodass du irgendwann automatisch deutlich häufiger produktiv als unproduktiv denkst.

✓ Selbstbestimmung

Erinnere dich an das magische Dreieck: Deine Gedanken haben die Macht, deine Gefühle und dein Verhalten zu verändern. Bringst du deine Gedanken also unter Kontrolle, gewinnst du auch die Kontrolle über deine Gefühle und dein Verhalten. Kurzum: Du erlangst mehr Kontrolle über dein Leben.

Gedanken kontrollieren - aber wie?

Gedankenkontrolle schön und gut, aber wie soll das denn funktionieren? Eine berechtigte Frage - schließlich ist es alles andere als leicht, die eigenen Gedanken zu kontrollieren. Wäre es einfach, gäbe es keine Grübler mehr und negative Gedanken gehörten genauso der Vergangenheit an, wie Affekttaten. Die Realität sieht anders aus, denn es verlangt Disziplin, Durchhaltevermögen und Geduld, mehr Kontrolle über die eigenen Gedanken zu erlangen. Diese Schritte führen zum Ziel:

1. Wahrnehmen

Damit du deine Gedanken kontrollieren kannst, musst du zunächst lernen, sie bewusst und aufmerksam wahrzunehmen. Du musst dich immer wieder darauf besinnen, Gedanken als solche zu erkennen und einzelne Gedankenstränge aus dem Durcheinander, das von Zeit zu Zeit in deinem Kopf herrschen mag, hervorzuholen.

2. Beobachten

Lausche einfach, was dein Gehirn so produziert. Beobachte deine Gedankengänge, ohne sie beeinflussen zu wollen. So als wären sie eine seltene Vogelart, die du als interessierter Ornithologie erkunden möchtest. Dabei stellst du nach und nach fest, welchen Mustern deine Gedanken besonders oft folgen, welche Themen dich vermehrt beschäftigen und ob du tendenziell eher negativ oder positiv denkst.

3. Geist trainieren

Im Sinne der Gedankenkontrolle musst du lernen, deine Aufmerksamkeit bewusst zu lenken und auch manchmal gar nicht zu denken. Diese Fähigkeiten kannst du dir beispielsweise mit Meditations- und Achtsamkeitsübungen aneignen. Mehr darüber erfährst du in Kapitel 7.

4. Routine entwickeln

Wenn du das Handwerkszeug erlernt hast, gilt es, dieses routiniert anzuwenden. Je öfter du einen bestimmten Gedanken in den Fokus deiner Aufmerksamkeit stellst, unproduktive zu produktiven Gedanken machst und dein Denken gezielt beeinflusst, desto leichter wird es dir fallen.

Kontrolle vs. Zwang

Einem Zwangsgedanken nachzugehen, gibt Betroffenen manchmal das Gefühl, die Kontrolle zu haben. Dabei ist genau das Gegenteil der Fall. Wer zu etwas gezwungen wird, hat die Kontrolle längst verloren. Der Übergang kann im Zweifel aber fließend sein. So kann auch der Gedanke, die eigenen Gedanken kontrollieren zu müssen, in einen Zwang ausarten. Wenn du deine Gedanken kontrollieren **möchtest** und dich mit der Gedankenkontrolle befassen **willst**, ist dies produktiv und gesund.

Denkst du jedoch bei jedem Gedanken, dass du diesen kontrollieren **musst**, kontrollieren deine Gedanken dich - und nicht andersherum. Da du dieses Buch in den Händen hältst, ist davon auszugehen, dass du Teile deiner Gedanken als problematisch oder belastend empfindest. Vor allem in dieser Situation ist es wichtig, die Gedanken über die Gedanken nicht zur Obsession werden zu lassen. Das ist natürlich leichter gesagt als getan und erfordert ein gewisses Maß an Gelassenheit. Eine essentielle Frage kann dir dabei helfen, dir diese Gelassenheit zu bewahren: Wie viel Macht möchtest du deinen Gedanken zugestehen?

Dass Gedanken eine große Macht besitzen, ist eine Tatsache. Du bist es aber, der entscheidet, welche Gedanken schwächer und welche dagegen übermächtig werden. Je mehr du dich hineinsteigerst und je mehr Bedeutung du den negativen oder unangebrachten Gedanken und dem Grübeln beimisst, desto mehr Macht verleihst du ihnen.

Das Wichtigste in Kürze

- Es ist unmöglich, alle Gedanken zu kontrollieren. Man kann aber punktuell eingreifen, steuern und verändern.

- Die Gedanken in einem gewissen Maß kontrollieren zu können, bringt klare Vorteile mit sich. Man erfährt mehr über sich selbst und kann letztendlich Gefühle und Verhalten besser verstehen und gezielt verändern.

- Um Gedanken kontrollieren zu können, muss man sie zunächst wahrnehmen und dazu bereit sein, ihnen zuzuhören. Anschließend kann man sie gezielt in eine produktive Richtung lenken.

- Essentiell ist immer die Frage: Kontrollierst du deine Gedanken oder kontrollieren deine Gedanken dich?

Kapitel 3: Das große Grübeln

 Das große Thema dieses Buches ist das Grübeln. Fast jeder Mensch grübelt hin und wieder und tut das manchmal sogar, ohne es zu bemerken. In diesem Kapitel nehmen wir das Grübeln ganz genau unter die Lupe und befassen uns mit dessen Eigenschaften und Gründen. Du lernst, ab wann das Grübeln krankhaft wird und findest zum Ende des Kapitels einen Selbsttest, der dir dabei hilft, herauszufinden, ob dein Grübeln bereits pathologische Ausmaße angenommen hat.

Unproduktives Nachdenken in Dauerschleife

Unter Grübeln versteht man das unproduktive Nachdenken. Die Grübelei besteht aus Gedanken, die nicht zielführend sind und sich quasi im Kreis drehen. Deshalb wird auch häufig der Begriff Gedankenkreisen verwendet. Das Grübeln kann sich auf Themen beziehen, die durchaus wichtig für die momentane Lebenssituation und/oder die Zukunft sind und sich so beispielsweise um aktuelle Beziehungsprobleme oder Schwierigkeiten im Job drehen. Oftmals grübeln wir aber über Dinge, die längst der Vergangenheit angehören oder absolut belanglos sind. Warum hat mich Frau Maier heute Morgen im Fahrstuhl nicht gegrüßt? Hätte ich zum Vorstellungsgespräch letzte Woche vielleicht lieber eine blaue Krawatte anziehen sollen? Warum habe ich mich letzten Sommer am See nur so blamiert? Wäre mein Partner noch bei mir, wenn ich damals nicht gelogen hätte? So oder so ähnlich sehen grüblerische Gedanken aus. Doch Grübeln ist nicht gleich Grübeln. Diese Unterschiede werden gemacht:

Die Rumination

Die klassischen grüblerischen Gedanken, die sich auf die Gegenwart oder die Vergangenheit beziehen und nicht mit Angst verbunden sind, aber dennoch meist andere negative Gefühle - wie Ärger oder Trauer - auslösen, werden unter dem Fachbegriff der Rumination zusammengefasst. Das Wort stammt vom lateinischen "ruminatio" ab, was in etwa dem deutschen "Wiederkäuen" entspricht. Eine recht treffende Wortwahl, wenn man bedenkt, dass ruminative Gedanken meist wiederkehren und immer wieder im Kopf durchgekaut werden.

Das Sich-Sorgen

Grübeleien dieser Kategorie beziehen sich auf die Zukunft und sind in der Regel angstbehaftet. Wird der Bus morgen rechtzeitig kommen, damit ich mich nicht wieder verspäte? Werde ich während der morgigen Prüfung einen Blackout haben? Was ist, wenn mein Auto nächste Woche immer noch in der Werkstatt steht? In der Regel bezieht sich das Sich-Sorgen auf zukünftige Ereignisse auf deren Verlauf, beziehungsweise deren Eintreten oder Ausbleiben, der Grübelnde keinen Einfluss hat.

Das selbstreflektierende Grübeln

Bis zu einem gewissen Grad ist Grübeln normal und kann sogar indirekt produktiv sein. Das ist dann der Fall, wenn es sich um eine selbstreflektierende Grübelei handelt. Dabei denkt man zwar auch über vergangene Geschehnisse, die nicht mehr verändert werden können, nach, lernt aber etwas daraus. Man setzt sich aktiv mit seinem damaligen Verhalten auseinander und gewinnt so Klarheit darüber, was man in Zukunft anders machen möchte. Diese Art des Grübelns hinterlässt beim Grübelnden nicht zwangsläufig negative Gefühle, sondern kann ihm sogar Befriedigung verschaffen. Schließlich zeichnet es den Menschen aus, sich intensiv mit Sachverhalten zu befassen und stetig auf der Suche nach neuen Erkenntnissen und Lösungsansätzen zu sein.

Problematisch sind also hauptsächlich die typische Rumination und das Sich-Sorgen. Leider liegen kaum repräsentative Studienergebnisse zu der Thematik vor. Dennoch lässt sich beobachten, dass Frauen tendenziell eher Grübeln, als Männer. Außerdem neigen Personen vor dem vierzigsten Lebensjahr mehr dazu, intensiv zu Sinnieren, als Menschen zwischen vierzig und sechzig. Im letzten Lebensabschnitt nimmt das Grübeln dann wieder zu.

Ursachen - warum grübeln wir?

Aber warum grübeln viele Menschen überhaupt so häufig? Werfen wir einen Blick auf die gängigsten Ursachen des Grübelns:

✓ Ängste und Sorgen

Ängste und Sorgen veranlassen zum Grübeln. Wer Angst vor künftig eintretenden Ereignissen verspürt oder sich beispielsweise um Angehörige, die finanzielle Lage, den Job oder die Zukunft sorgt, tendiert dazu, sich intensiv mit diesen Ängsten und Sorgen auseinanderzusetzen, was sich in Grübeln äußert.

✓ Zweifel

Besonders oft grübeln Menschen, wenn sie von Zweifeln geplagt werden. Ist mein Partner wirklich der richtige für mich? Kann ich ihm vertrauen? Sollte ich meinen Job vielleicht doch lieber aufgeben? Und steht meine beste Freundin wirklich zu mir oder lästert sie möglicherweise hinter meinem Rücken? Zweifel beginnen meist klein und sachte, können aber zu nagenden Ungeheuern heranwachsen - da ist Grübeln quasi vorprogrammiert.

Ursachen – warum grübeln wir?

✓ Überforderung

Wer sich überfordert fühlt, neigt zum Grübeln. Dabei ist es zweitrangig, ob man emotional überfordert ist, in einem Berg von Aufgaben versinkt oder einfach nicht weiß, wie man eine spezifische Angelegenheit überstehen soll. Durch das Grübeln bekommt man das irrationale Gefühl, etwas gegen diese Überforderung tun zu können. Tatsächlich passiert aber genau das Gegenteil: Das Grübeln nimmt all die Zeit ein, die man ansonsten damit verbringen könnte, die anstehenden Aufgaben nach und nach abzuarbeiten, Ordnung ins Gefühlschaos zu bringen oder sich effektiv auf eine schwierige Angelegenheit vorzubereiten.

✓ Kränkung und Schamgefühl

Oft grübeln Menschen über Dinge nach, die sie gekränkt oder für die sie sich geschämt haben. In stillen Momenten erinnern sie sich plötzlich an einen gemeinen Kommentar oder eine peinliche Aktion, die möglicherweise schon Jahre zurückliegt, in diesem Augenblick aber wieder ganz präsent wird. Dann wird gegrübelt was das Zeug hält: War der Kommentar berechtigt? Warum habe ich mich nur so und nicht anders verhalten? Erinnern sich die anderen auch noch so gut daran, wie ich es tue?

✓ Minderwertigkeitsgefühle

Ist man unzufrieden mit sich selbst, fühlt man sich anderen Menschen unterlegen und hat das Gefühl, nicht gut, hübsch, schlau, kreativ oder lustig genug zu sein, stellt dies geradezu eine herzliche Einladung für grüblerische Gedanken dar.

✓ Einsamkeit

Ist man abgelenkt, befindet sich in guter Gesellschaft und hat liebe Menschen um sich, fällt es leicht, nicht ins Grübeln zu geraten. Anders sieht es aus, wenn man vollkommen allein ist und sich dazu noch einsam fühlt. Die Einsamkeit verleitet dazu, sich in verworrenen Gedankensträngen zu verheddern und sich selbst in der eigenen Gedankenwelt einzusperren.

✓ Fehlende Informationen

Manchmal grübeln wir auch einfach nur, weil uns Informationen fehlen. Wir können es nicht wissen, also müssen wir vermuten und dieses wage Vermuten führt dann dazu, dass sich die Gedanken im Kreis drehen. Wir versuchen vergeblich, die bestehenden Informationslücken zu füllen, obwohl wir eigentlich wissen, dass wir das nicht können.

✓ Lösungsmeidung

Hin und wieder ist es auch der Fall, dass das Grübeln dazu dient, die Lösung eines Problems hinauszuzögern. Anstatt die Sache in Angriff zu nehmen und einen geschmiedeten Plan umzusetzen, wird gegrübelt. Das klingt zunächst unlogisch, hat aber einen bestimmten Grund. Oftmals stellt es eine Herausforderung dar, eine Lösung anzugehen. Der damit verbundene Stress wird vermieden, indem man sich mit dem Grübeln davon abhält, die Lösung umzusetzen.

Die Auswirkungen des Grübelns

Weder der Geist, noch der Körper bleiben vom Grübeln unberührt. Das Sinnieren über negative, unproduktive Gedanken zeigt sich in verschiedenen Symptomen.

Psychische Symptome

Besonders direkt wirkt sich das Grübeln auf die Psyche aus. Psychische Symptome lassen sich vergleichsweise einfach beobachten und dem Grübeln zuordnen.

Niedergeschlagenheit

Grübeln drückt die Stimmung und zwar ganz egal, worüber genau nachgedacht wird und welche Ursache dahintersteckt. Schätzt man seine Stimmung auf einer Skala von 1 bis 10 ein, wobei 1 für blendend gute und 10 für unglaublich schlechte Laune steht, verschlechtert sich die Selbsteinschätzung durch das Grübeln normalerweise um mindestens zwei Punkte.

Erschöpfung

Intensives Nachdenken macht müde. Grübler fühlen sich nach stundenlangem Grübeln daher oft abgeschlagen und geistig erschöpft.

Angst

Speziell wenn aus Angst und Sorge gegrübelt wird, kann das Sinnieren die Ängste nochmals deutlich verstärken. Kein Wunder: Schließlich befasst man sich explizit mit ihnen und stachelt sie dadurch erst recht an.

Selbstwert, Selbstbewusstsein & Selbstvertrauen

Umfragen zeigen, dass häufiges Grübeln das Selbstwertgefühl, sowie das Selbstbewusstsein und das Selbstvertrauen beeinträchtigt. Grübler zweifeln häufiger an ihren Fähigkeiten, haben das Gefühl, sich nicht auf sich selbst verlassen zu können und entwickeln leichter Gefühle der Minderwertigkeit. Ein Teufelskreis - immerhin zählen Minderwertigkeitsgefühle und Zweifel zu den Ursachen des Grübelns.

Frust

Das Gehirn mit nagenden Gedanken zu malträtieren und dabei niemals von der Stelle zu kommen, ist alles andere als befriedigend. Deshalb ist Grübeln ein direkter Weg zur Frustration.

Appetitlosigkeit

Bei all dem Grübeln kann einem der Appetit gehörig vergehen. Manchmal wird das Essen auch schlicht und einfach vergessen, weil der Kopf zu voll ist, um überhaupt an die Nahrungsaufnahme denken zu können.

Konzentrationsstörungen

Dass Grübeln die Konzentration beeinträchtigt, erklärt sich eigentlich von selbst. Während des Grübelns ist kein Platz für andere Gedanken und selbst wenn es einem gelingt, aus dem Grübeln auszubrechen, ist man zu erschöpft, um sich wirklich konzentrieren zu können.

Schlafstörungen

Ist das Grübeln ausgeprägt, lässt es einen auch in der Nacht nicht los. Quälende Gedanken hindern Grübler am Einschlafen und erschweren es enorm, zur Ruhe zu kommen. Um Einschlafen zu können, muss nämlich nicht nur der Körper, sondern auch der Geist entspannt sein.

Die Auswirkungen des Grübelns

Solange Grübelattacken den Geist wach halten, ist ein Einschlafen unmöglich.

Körperliche Symptome

Grübeln äußert sich tatsächlich auch in körperlichen Symptomen. Da dies vielen Grüblern nicht bewusst ist, tun sie sich schwer damit, die körperlichen Beschwerden mit dem Grübeln in Verbindung zu bringen. Diese Symptome treten in diesem Zusammenhang auf:

Kopfschmerzen

Zuerst fühlt sich der Kopf für gewöhnlich einfach nur schwerer an, als es sonst der Fall ist. Doch je länger und intensiver gegrübelt wird, desto höher sind die Chancen, dass sich diese Schwere zu pochenden und stechenden Kopfschmerzen entwickelt.

Herzrasen

Beim Grübeln wird im Körper vermehrt Cortisol ausgeschüttet. Das Stresshormon sorgt unter anderem dafür, dass sich der Blutdruck erhöht und die Herzfrequenz steigt. Spürbares Herzrasen ist unter Grüblern daher keine Seltenheit.

Verspannungen und Muskelkater

Oft haben Grübler zudem an Verspannungen, vor allem in den Bereichen des Nackens, der Schultern und des oberen Rückens, zu leiden. Muskelkater spüren Grübler manchmal in der Kiefermuskulatur, was von unbewusstem Zähneknirschen herrührt.

Verdauungsprobleme

Auch die Verdauung kann beeinträchtigt werden, was zu Durchfall, Bauchschmerzen und Krämpfen führt. Dieses Symptom ist besonders häufig bei Kindern zu beobachten und hängt meist mit Angst zusammen. So klagen Kinder, die in der Schule gemobbt werden, morgens oft über Bauchweh.

Übelkeit

Grübeln bis zum Erbrechen? Das ist durchaus möglich. Manchen Grüblern wird es mitten in ihrem Gedankengefängnis so schlecht, dass sie sich übergeben müssen.

Magengeschwüre

Zu guter Letzt sind auch Magengeschwüre als mögliches Symptom zu nennen.

Das Grübeln als Symptom

Das Grübeln wirkt sich nicht nur auf Körper und Geist aus, sondern ist selbst auch als Symptom zu betrachten. Für folgende Erkrankungen ist es besonders typisch:

Angststörungen

Menschen, die unter einer Angststörung leiden, haben auffallend oft grüblerische Gedanken und können sich nur schwer aus diesen befreien. Ursachen und Symptome befeuern sich hier gegenseitig: Die Angst veranlasst zum ständigen Grübeln und das Grübeln verstärkt wiederum die Angst.

Zwangsstörungen

Die Zwangsstörung ist eine psychische Erkrankung, die mitunter zwanghafte Gedanken hervorrufen kann. Der Betroffene hat den Drang, bestimmte Gedanken immer wieder zu denken und kann diesem Drang nicht oder nur unter enormer Anstrengung widerstehen.

Depressionen

Insbesondere mit Depressionen wird das Grübeln gerne in Verbindung gebracht. Depressive Menschen verbringen viel Zeit in ihrer Gedankenwelt, fühlen sich ohnehin schon niedergeschlagen, einsam, alleingelassen, hoffnungslos und traurig und sind daher ein leichtes Opfer für grüblerische Gedanken. Andersherum ist häufiges Grübeln ein sicherer Weg, um in eine Depression zu geraten. Schließlich beeinträchtigt es die Psyche enorm.

Wenn Grübeln krank macht - wie viel Grübeln ist „normal"?

Du weißt nun, dass Grübeln einen negativen Effekt auf Körper und Geist hat und sogar direkt in eine Depression führen kann. Doch ab wann ist grübeln krankhaft? Und ist es nicht normal, hin und wieder zu grübeln? Das tut doch jeder, oder? Es ist absolut korrekt, dass gelegentliches Grübeln zum Leben dazugehört und keinen Grund zur Sorge darstellt. Jeder Mensch befindet sich manchmal in Phasen, die mit Grübeleien einhergehen. Diese Grübeleien verschwinden aber auch wieder. Geht die sorgenreiche Phase, die angsteinflößende Angelegenheit oder die mit Zweifeln behaftete Situation vorbei, hören dann auch die grübelnden Gedanken auf. Krankhaftes Grübeln tritt dagegen auch auf, wenn eigentlich kein akuter Anlass besteht. Das grüblerisch erprobte Gehirn findet immer neue Themen, über die es sinnieren kann, was den Alltag und das allgemeine Wohlbefinden in extremem Maße beeinträchtigen kann. Dann kann nicht mehr von "normalem" Grübeln gesprochen werden. Das Grübeln ist eindeutig zum handfesten Problem geworden und muss als solches unbedingt ernstgenommen werden.

Selbsttest: Denkst du noch oder grübelst du schon?

Wahrscheinlich fragst du dich jetzt, ob dein Grübeln sich noch in einem "normalen" Rahmen bewegt oder die Grenze zum Krankhaften bereits überschritten hat. Diese Frage kannst nur du selbst beantworten. Schließlich weißt nur du, inwiefern das Grübeln dich belastet. Um der Sache auf den Grund zu gehen, kannst du den nachfolgenden Selbsttest machen. Er hilft dir, den Stand der Dinge einzuschätzen und ein Gefühl für die Ernsthaftigkeit deines Grübel-Problems zu bekommen. Versuche unbedingt, die Fragen so ehrlich wie möglich zu beantworten und lasse dir Zeit, um in dich hinein zu fühlen und die

Selbsttest: Denkst du noch oder grübelst du schon?

tatsächlich zutreffenden Antworten zu finden. Beschönige die Dinge nicht, mache sie aber auch nicht schlimmer als sie sind.

1. Schätze selbst ein: Wie oft grübelst du?

A. Einmal pro Woche oder seltener

B. Zwei- bis fünfmal pro Woche

C. Täglich

2. Gerätst du auch in Gesellschaft ins Grübeln?

A. Nein, das passiert mir nie.

B. Ja, manchmal passiert das.

C. Ja, das passiert ständig.

3. Womit befassen sich deine Gedanken?

A. Mit der Gegenwart. In meinem Alltag bleibt gar nicht viel Zeit, um über die Zukunft oder die Vergangenheit nachzudenken.

B. Überwiegend mit der Gegenwart. Gelegentlich schwelge ich aber auch in Erinnerungen oder Zukunftsträumen.

C. Überwiegend mit Vergangenheit und Zukunft. Meine Gegenwart wird oft davon bestimmt, dass ich mir darüber Gedanken mache, was passiert ist und was noch passieren wird.

AUSGEGRÜBELT! Grübeln stoppen in der Praxis

4. Du steht am Bahnsteig, eine Frau geht an dir vorbei und du bemerkst, wie sie dich von oben bis unten mustert. Was macht das mit dir?

A. Nichts. Was sollte das schon mit mir machen?

B. Ich frage mich kurz, ob ich vielleicht noch meine Hausschuhe anhabe, versichere mich vom Gegenteil und denke dann nicht weiter darüber nach.

C. Ich fühle mich komisch. Habe ich vielleicht etwas im Haar? Oder steht mir der Mantel doch nicht so gut, wie ich dachte? Vielleicht steht sie normalerweise dort, wo ich stehe, und ich habe ihr den Platz weggenommen!

5. Dein Partner teilt dir mit, dass er sich verspäten wird. Schon das dritte Mal diese Woche! Du denkst:

A. Super, dann habe ich noch etwas Zeit für mich.

B. Mann hat der viel Stress bei der Arbeit. Das muss ja ein wirklich großes Projekt sein, an dem er da sitzt. Ich muss ihn später danach fragen.

C. Was hält ihn wohl auf? Verlangt der Chef mal wieder Überstunden? Oder bleibt er freiwillig länger, um mich nicht sehen zu müssen? Vielleicht hat er was mit dieser Christina vom Empfang, die schreibt ihm manchmal ganz schön viele E-Mails. Sollte ich ihn darauf ansprechen? Und was ist, wenn ich recht habe?

Selbsttest: Denkst du noch oder grübelst du schon?

6. Du möchtest ein neues Sofa kaufen, schwankst aber zwischen zwei Modellen. Beide gefallen dir gleich gut. Was tust du?

A. Ich werfe eine Münze. Die Entscheidung ist zu banal, um mich länger damit aufzuhalten.

B. Ich frage einen Freund nach seiner Meinung, schlafe eine Nacht darüber und entscheide mich dann nach meinem Bauchgefühl.

C. Ich gehe nochmals durch sämtliche Details. Ist Beige nicht doch etwas zu anfällig für Flecken? Und was ist, wenn mir das auffällige Muster schon bald nicht mehr gefällt? Passt es überhaupt zu meiner Tapete?

7. Deine Freunde würden dich beschreiben als...

A. ...kleines Energiebündel. Aufgeweckt, immer auf dem Sprung und bereit, das Leben so zu nehmen, wie es kommt.

B. ...Kummerkasten. Stets für alle da, immer mit einem guten Rat auf der Zunge und absolut loyal.

C. ...treue Seele. Manchmal verträumt, gelegentlich abwesend, aber wunderbar tiefgründig und bereit, für einen durchs Feuer zu gehen.

8. Bist du manchmal so mit deinen Gedanken beschäftigt, dass du die Zeit vergisst?

A. Das kommt eigentlich nie vor.

B. Gelegentlich, aber ich schaffe es trotzdem, wichtige Termine im Auge zu behalten.

C. Manchmal? Eher ständig.

9. Kannst du abends gut einschlafen?

A. Ja, meistens falle ich todmüde ins Bett und bin eingeschlafen, bevor ich überhaupt darüber nachdenken kann.

B. Normalerweise schon. Manchmal brauche ich ein paar Minuten, um den Arbeitstag hinter mir zu lassen, aber ich brauche meistens weniger als 30 Minuten, um einzuschlafen.

C. Nicht wirklich. Gerade abends kreisen so viele Gedanken durch meinen Kopf und ich liege manchmal stundenlang wach.

10. Wenn ich ein Problem habe, dann...

A. ...löse ich es.

B. ...mache ich eine Pro- und Contra-Liste und wäge Für und Wider meiner Lösungsmöglichkeiten gegeneinander ab.

C. ...denke ich lange darüber nach, ohne dabei zu einer Lösung zu kommen.

Selbsttest: Denkst du noch oder grübelst du schon?

11. Wie gut kannst du dich auf die Arbeit, Tätigkeiten im Haushalt oder Gespräche mit Freunden oder Kollegen konzentrieren?

A. Super. Ich bin immer voll fokussiert und mit dem Kopf bei der Sache.

B. Manchmal schweife ich ab. Aber nur, wenn das Gespräch oder die Aufgabe wirklich langweilig ist.

C. Ich ertappe mich immer wieder dabei, dass mir Gesprächsinhalte komplett entgehen oder ich länger für Aufgaben brauche, weil ich einfach nicht bei der Sache bin.

12. Wenn ich alleine bin...

A. ...fühle ich mich wohl. Endlich kann ich mal durchatmen und die kostbaren Momente ganz mit mir allein genießen.

B. ...fühle ich mich manchmal einsam. Ich finde aber immer etwas zu tun und mache es mir dann zum Beispiel mit einem guten Buch in der Badewanne bequem.

C. ...fällt mir die Decke auf den Kopf. Aber irgendwie brauche ich das so. Immerhin stört es dann keinen, dass ich mit meinen Gedanken beschäftigt bin.

13. Wenn ich grüble...

A. ...dann lenke ich meine Gedanken schnell in eine produktive Richtung. Ich habe keine Zeit für sinnloses Nachdenken.

B. ...dann nehme ich mir die Zeit, um mich mit diesen Gedanken auseinanderzusetzen. Meistens hat sich die Sache dann bald erledigt.

C. ...dann aber richtig. Meine Gedanken nehmen mich komplett ein und ich bin mir oft nicht sicher, ob sie jemals wieder aufhören werden.

14. Ich sehe meine grüblerischen Gedanken als...

A. Zeitverschwendung.

B. Hinweise. Sie zeigen mir, was mich beschäftigt.

C. Belastung. Sie halten mich von dem ab, was ich eigentlich tun oder denken möchte, ziehen mich oft runter und lassen mich einfach nicht los.

15. Schätze selbst: Stellt dein Grübeln ein Problem dar?

A. Nein, es ist ja kaum vorhanden.

B. Jein. Manchmal wünsche ich mir, fokussierter zu sein, aber eigentlich beeinträchtigt das Grübeln mein Leben nur in geringem Ausmaß.

C. Ja, eindeutig. Es raubt mir Energie, Schlaf und Zeit und wirkt sich spürbar negativ auf mein Leben aus.

Auswertung

Wenn du die Fragen ehrlich und nach bestem Wissen und Gewissen beantwortet hast, können wir nun zur Auswertung kommen. Zähle, wie oft zu jeweils A, B und C angekreuzt hast.

Überwiegend **A**

Du hast überwiegend Antwort A gewählt? Herzlichen Glückwunsch! Du grübelst kaum und verwendest die Zeit lieber, um dein Leben zu Leben, voranzukommen und ordentlich auf den Putz zu hauen. Das Grübeln stellt für dich definitiv kein Problem dar.

Überwiegend **A und B**

Wenn du ungefähr gleich oft A und B angekreuzt hast, musst du dir ebenfalls keine Sorgen machen. Du magst dir hin und wieder etwas zu viele Gedanken machen, lässt dich aber nicht von diesen vereinnahmen und gestaltest dein Denken ganz aktiv produktiv.

Überwiegend **B**

Wenn vor allem die B-Antworten zu dir passen, bist du ein kleiner Grübler. Aber ein ganz kleiner. Du grübelst und nimmst das auch wahr, die Grübeleien beeinträchtigen deinen Alltag oder dein Wohlbefinden aber kaum. Es kann nicht schaden, dich weiter mit dem Thema zu beschäftigen und Taktiken zu erlernen, die dir in der Zukunft helfen können, doch dein Grübeln bewegt sich in einem ganz normalen Rahmen.

Überwiegend **B und C**

Du grübelst viel, wahrscheinlich zu viel und weißt das auch. Manche Lebensbereiche werden davon beeinflusst, andere bleiben (noch) unberührt, doch das Grübeln hat eindeutig einen festen Platz in deinem Leben. Das sollte sich ändern! Wie gut, dass dieses Buch dir dabei hilft.

Überwiegend **C**

Überwiegen die C-Antworten, bist du ein Grübler wie er im Buche steht. Du grübelst häufig, lange und intensiv und hast das Gefühl, deine Gedanken dann nicht unter Kontrolle zu haben. Das Grübeln wirkt sich deutlich negativ auf deinen Alltag und dein Wohlbefinden aus und du würdest viel dafür tun, dem ein Ende setzen zu können. Wenn du bereit bist, daran zu arbeiten, ist der erste Schritt schon getan und die gute Nachricht lautet: Es kann nur besser werden.

Das Wichtigste in Kürze

- Grübeln zeichnet sich dadurch aus, dass die Gedanken unproduktiv sind, also zu keiner Lösung oder Erkenntnis führen.

- Grübeleien lassen sich in drei Kategorien einteilen: Rumination, Sich-Sorgen und selbstreflektierendes Grübeln.

- Die Gründe für das Grübeln sind vielfältig. Ängste, Zweifel oder das Fehlen von Informationen können beispielsweise Grübeleien auslösen.

- Es lassen sich sowohl körperliche als auch psychische Symptome beobachten. Dazu gehören mitunter Kopfschmerzen, Bauchweh, Schlafstörungen und Niedergeschlagenheit.

- Solange das Grübeln die Lebensqualität nicht beeinträchtigt, stellt es für gewöhnlich auch kein Problem dar. Problematisch wird es erst, wenn der Alltag und das allgemeine Wohlbefinden maßgeblich davon beeinflusst werden.

Kapitel 4: Das Grübeln begraben

Sofern der Selbsttest, den du im letzten Kapitel gemacht hast, ein entsprechendes Ergebnis zu Tage gebracht hast, bist du höchstwahrscheinlich sehr bestrebt, dem Grübeln endlich den Kampf anzusagen. Das ist gut so! In diesem Kapitel beschäftigen wir uns mit dem bewussten Lenken von Gedanken und damit, warum dies meist mehr bringt, als der Versuch, die Gedanken zu verdrängen. Zunächst steht dir aber ein weiterer Fragebogen bevor.

Bedürfnisfragebogen: Bist du dir selbst wichtig genug?

Indem du Wege suchst und gehst, die das Grübeln lindern und abstellen, tust du in erster Linie etwas *für dich* - du hilfst dir selbst. Das kann aber nur funktionieren, wenn du diese Hilfe annimmst und glaubst, dass du sie verdienst. Du musst dir selbst wichtig genug sein. Wenn du denkst, dass du es nicht wert bist oder das plagende Grübeln verdient hast, wirst du keinen Weg hinaus finden. Die folgenden Fragen sollen dich dabei unterstützen, herauszufinden, ob du dich selbst wichtig genug nimmst oder ob daran noch zu arbeiten ist.

1. Wenn ich grüble, dann...

A. ...ärgere ich mich über mich selbst. Warum muss ich auch immer nachdenken?

B. ...tue ich mir selbst leid. Warum muss das Grübeln gerade mich treffen?

C. ...spüre ich, wie schlecht es mir dabei geht und möchte das unbedingt ändern.

Bedürfnisfragebogen: Bist du dir selbst wichtig genug?

2. Das Grübeln ist für mich...

A. ...ein Zeichen meiner Schwäche. Ich habe einfach nicht genug Disziplin, um meine Gedanken unter Kontrolle zu bringen.

B. ...ein hartes Schicksal. Ich würde so gerne damit aufhören, aber anscheinend muss ich das alles durchmachen.

C. ...eine große Belastung. Ich weiß, dass es mir Steine in den Weg legt und bin bereit, diese Steine einzeln aufzuheben.

3. Wenn ich an mich selbst denke, fühle ich mich...

A. ...furchtbar. Ich schäme mich für mich selbst.

B. ...traurig. Es gibt so vieles, was ich gerne ändern würde.

C. ...motiviert. Ich habe viele Baustellen, aber ich bin ein Meisterwerk in Arbeit.

4. Mich selbst würde ich beschreiben als...

A. ...Versager. Ich habe so viele Chancen, aber ich ergreife sie nicht.

B. ...Opfer. Ich würde gerne mehr aus mir machen, aber meine Voraussetzungen sind zu schlecht.

C. ...Held. Mein Leben ist nicht einfach, aber ich habe mich immerhin bis hierher durchgekämpft und ich denke gar nicht daran, aufzugeben.

5. Ich sehne mich nach...

A. ...Erfolg. Wenn ich jetzt nicht mehr aus mir heraushole, werde ich es nie zu etwas bringen.

B. ...Erholung. Ich brauche einfach nur Ruhe und Frieden, aber das ist mir wohl nicht vergönnt.

C. ...Fortschritt. Ich möchte in meinem Leben vorankommen und bin bereit, einiges dafür zu tun.

6. Wenn ich scheitere, dann...

A. ...halte ich mir das ewig vor.

B. ...hat es wohl so kommen müssen.

C. ...bin ich es mir wert, einen neuen Anlauf zu starten.

7. Ich verdiene...

A. ...nichts. Außer das Grübeln, das verdiene ich.

B. ...vieles. Aber es wird mir nicht gegeben.

C. ...was ich gebe und mir erarbeite. Ich bin ein guter Mensch, der sich Gutes beschaffen wird.

Auswertung

Auch hier kannst du dir, nach der ehrlichen Beantwortung der Fragen, die Auswertung ansehen:

Überwiegend A

Wenn du überwiegend Antwort A gewählt hast, deutet dies darauf hin, dass du ein recht schlechtes Bild von dir selbst hast. Du hältst nicht viel von dir, gibst dir gerne selbst die Schuld und pflegst einen harten Umgang mit dir selbst. Deine Grübeleien hältst du für verdient und gehst davon aus, dass sie etwas sind, das du dir selbst zufügst. Es ist wichtig, dass du dir klar machst, dass dies nicht der Fall ist. Du musst dringend an deinem Selbstwert arbeiten und lernen, liebevoll und wertschätzend mit dir umzugehen, dir Fehler zu verzeihen und anzuerkennen, dass es Dinge gibt, für die du keine Verantwortung trägst. Solange du davon überzeugt bist, das Grübeln zu verdienen, wirst du höchstwahrscheinlich nichts dagegen tun können. Erst wenn du begreifst, dass du es wert bist, deine Probleme zu lösen, dich wohler zu fühlen und dich nicht mehr zu quälen, kannst du Fortschritte machen.

Überwiegend B

Antwortmöglichkeit B hat überwiegend am besten zu dir gepasst? Dann siehst du dich vermutlich vor allem als hilflose, verlorene und schwache Person. Du bist dir nicht im Klaren darüber, wie stark du sein kannst und nimmst daher ganz freiwillig die Opferrolle an. Genau das ist es aber, was dich daran hindert, dein Leben in die Hand zu nehmen und, in welcher Form auch immer, zu verändern. Du nimmst die Dinge als gegeben hin. Das ist in Ordnung, sofern es sich im Dinge handelt, auf die du keinen Einfluss hast. Doch es gibt eben auch Dinge, die du selbst - und nur du selbst - ändern kannst. Du aber hast das

Gefühl, ein passiver Part in deinem Leben zu sein. Anstatt dein Leben aktiv zu leben und, sofern möglich, zu steuern, lässt du es häufig einfach passieren. Mache dir bewusst, dass das Grübeln etwas ist, das du selbst ändern kannst. Du bist stark genug und hast die Macht, deine Gedanken unter Kontrolle zu bringen und dir damit zu einem angenehmeren Leben zu verhelfen. Nutze sie!

Überwiegend C

Wenn du dich überwiegend für Antwort C entschieden hast, hast du die besten Voraussetzungen, das Grübeln in den Griff zu bekommen. Du erkennst deine Probleme, bist es dir wert, sie anzugehen und bist bereit, etwas dafür zu tun. Du weißt, dass du stark sein kannst und möchtest dein Leben selbst in die Hand nehmen. Behalte dir diese Einstellung bei! Schon bald wirst du, durch die Anleitung dieses Buches, die ersten Fortschritte bezüglich des Grübelns erleben können.

Der Schlüssel zum Erfolg - Lenkung statt Verbot

Was passiert, wenn man einem Kind verbietet, mit dem Ball zu spielen? Genau: Es hat plötzlich nur noch den Ball im Kopf und möchte diesen unbedingt haben. Erwachsene sind in diesem Punkt gar nicht so anders. Vielleicht hast du schon einmal eine Diät gemacht und bemerkt, dass du die Schokolade erst dann wirklich dringend essen wolltest, als du dir gesagt hast, dass du sie nicht essen darfst. Verbote führen in der Regel dazu, dass man das Verbotene umso mehr begehrt. Genauso ist das auch mit Gedanken. Wenn du dir einen Gedanken strikt verbietest, wird er dich vermutlich erst recht nicht loslassen. Mit Verboten kommst du hier also nicht weiter.

Dasselbe Phänomen lässt sich bei nahezu allen "Nicht"-Botschaften beobachten. Das klassische Beispiel: Denke NICHT an einen rosa Elefanten. Na, springen plötzlich rosa Elefanten durch deinen Kopf? Das kleine Wörtchen "nicht" wird von unserem Gehirn gerne überhört.

Was hängen bleibt, sind die Worte drum herum. Es bedarf also einem Weg, ohne Verbote und "Nicht"-Botschaften auszukommen. Der Schlüssel zum Erfolg ist das bewusste Lenken der Gedanken. Anstatt einen Gedanken zu verbieten und dir zu sagen, dass du NICHT daran denken wirst, lenkst du deine Gedanken in eine andere Richtung, indem du sie quasi durch andere Gedanken ersetzt. Statt "Ich denke jetzt nicht mehr an meinen Partner", sagst du dir zum Beispiel "Ich denke jetzt an mein Lieblingsbuch".

Stop and Lead - Gedankenlenken leicht gemacht

Aber wie geht das mit dem Gedankenlenken überhaupt? Das Vorgehen in zwei übergeordneten Schritten hat sich hier bewährt. Zuerst werden die Gedanken abrupt gestoppt, um dann neu angesetzt, beziehungsweise in eine andere Richtung gelenkt zu werden. Das Stoppen hat hier nichts mit einem Verbot zu tun. Es dient lediglich dazu, die kreisenden, festhängenden Gedanken für einen kurzen Moment zu unterbrechen, um etwas Distanz zu gewinnen.

Schritt 1: Die Gedanken *stoppen*

Nachfolgend findest du mehrere Methoden, mit denen du kurzfristig aus deinen grüblerischen Gedanken ausbrechen kannst. Damit das zuverlässig klappt, musst du etwas Übung investieren. Wenn du eine Methode zum ersten Mal durchführst, werden deine Grübeleien womöglich nur für eine Sekunde oder gar nicht aufhören. Je öfter du übst, desto erfolgreicher wirst du deine Gedanken aber kurzzeitig zur Ruhe bringen können. Die Gedankenstopps stellen nicht nur die nötige Vorbereitung für das Lenken der Gedanken dar, sondern verschaffen dir auch einige Momente der Pause vom Gedankenkarussell, die du als sehr wohltuend empfinden wirst.

STOPP!

Besonders bekannt ist der klassische Gedankenstopp. Er setzt sich aus drei Komponenten zusammen: Du schreist laut Stopp, klatscht kräftig in die Hände und stellst dir dabei ein rotes Stoppschild vor. Es ist gut möglich, dass du dir dabei zunächst dezent lächerlich vorkommst. Die Erfahrungen zeigen aber, dass der Gedankenstopp bei vielen Menschen sehr gut funktioniert. Wenn es dir auf diese Weise regelmäßig gelingt, deine Gedanken zum Schweigen zu bringen, kannst du auf das laute Schreien und das Klatschen verzichten. Das hat den Vorteil, dass du die Methode dann auch in der Öffentlichkeit, zum Beispiel am Arbeitsplatz oder in der Bahn, anwenden kannst, ohne komische Blicke zu ernten. Du rufst dann nur noch innerlich und visualisierst das Stoppschild.

Der Ausstieg

Die zweite Option ist das bewusste Aussteigen aus den Gedanken. Stehe auf, mache einen großen Schritt und stelle dir dabei bewusst vor, aus dem Bereich, in dem sich deine grüblerischen Gedanken befinden, hinauszutreten. Auch diese Methode wirkt zunächst etwas befremdlich, hat sich aber ebenfalls bewährt.

Das Umkehren

In welche Richtung kreisen deine Gedanken? Zugegeben: Das ist eine seltsame Frage. Doch die meisten Grübler haben spontan eine Antwort darauf. Kreisen deine Gedanken linksherum, stehst du auf und drehst ein paar rechtsseitige Runden - und andersherum. Durch das Gehen in die entgegengesetzte Richtung bewegst du dich von den Gedanken weg. Du durchbrichst ihren Kreislauf und wirfst sie so aus der Bahn.

Erfahrungsgemäß kann es sich lohnen, zwei Methoden miteinander zu kombinieren. Du kannst zum Beispiel zuerst den Gedankenstopp durchführen und direkt im Anschluss aussteigen oder zuerst umkehren und dann aussteigen. Probiere einfach aus, was für dich besonders gut funktioniert.

2. Schritt: Die Gedanken *lenken*

Das Stoppen der Gedanken funktioniert in aller Regel nur kurzzeitig, sodass die quälenden Gedanken schon nach einigen, wenigen Minuten wieder einsetzen. Aus diesem Grund ist das anschließende bewusste Lenken so wichtig. Diese Tipps helfen dir dabei:

Themen **sammeln**

In dem Moment, in dem du deine Gedanken gestoppt hast, musst du bereits ein Thema parat haben, mit dem sich deine Gedanken stattdessen befassen sollen. Daher musst du dir im Vorhinein Zeit nehmen, um mögliche Themen zu sammeln. Das können tatsächlich wichtige oder total banale Themen sein. Wichtig ist, dass es Themen sind, über die du normalerweise nicht grübelst und die dich dennoch interessieren. Fertige eine Liste mit mindestens sieben und höchstens fünfzehn Themen an. Sie sollte Auswahlmöglichkeiten bereit halten, darf aber nicht zu unübersichtlich werden.

Themen **ausarbeiten**

Mache dir ruhig schon vorher einige Gedanken zu den einzelnen Themen und notiere Stichpunkte als Gedankenanstöße für später. So fällt es dir dann leichter, zügig gedanklich ins Thema zu finden.

Thema **wählen**

Zu welchem Thema du deine Gedanken nach dem Stoppen lenkst, kannst du ganz aus dem Bauch heraus und im jeweiligen Moment entscheiden. Stelle sicher, dass du deine Liste zur Hand hast und überlege nicht zu lange. Ansonsten haben deine Gedanken genug

Zeit, um wieder ins Grübeln zu kommen. Wenn du dich für ein Thema entschieden hast, wird nicht mehr darüber nachgedacht, ob es das richtige war oder ob du dich vielleicht doch lieber für ein anderes hättest entscheiden sollen.

Thema **visualisieren**

Steht das Thema fest, gilt es, es so präsent wie möglich werden zu lassen. Rufe dir passende Bilder dazu ins Gedächtnis, schreibe das Thema erneut in großen Druckbuchstaben auf und sorge dafür, dass es auch wirklich bei dir ankommt.

Vom Handeln ins Denken

Alternativ kannst du auch versuchen, deine Gedanken vom Handeln aus zu lenken. Anstatt sie direkt zu einem Thema zu leiten, beschäftigst du dich mit einer spezifischen Tätigkeit und beobachtest, ob deine Gedanken folgen. Auch hier solltest du wieder eine Liste mit möglichen Tätigkeiten erstellen und so vorgehen, wie du es mit den Themen tust. Du kannst zum Beispiel Gartenarbeiten erledigen, einen Artikel lesen, dich kreativ betätigen oder Sport machen. Wichtig ist, dass es sich um eine Tätigkeit handelt, die du gerne tust und zu der du dich nicht zwingen musst. Ansonsten springt das Grübeln wieder als Aufschiebe-Taktik ein. Versuche dich nur auf die Tätigkeit zu konzentrieren, wenn du diese ausführst. Um dies zu bewerkstelligen, ist eine gute Achtsamkeitsfähigkeit nötig. Wie du die Achtsamkeit trainieren kannst, erfährst du in Kapitel 7.

Gedanken neutral zurückführen

Du hast es geschafft, deine Gedanken zu stoppen und dann zu lenken, dennoch kehren sie immer wieder zum Grübeln zurück? Das ist ganz normal und kein Grund zur Panik. Du musst nur lernen, dich nicht davon aus der Bahn werfen zu lassen und deine Gedanken möglichst neutral zum ausgewählten Thema oder der ausgeführten Tätigkeit zurückzuführen. Dabei gehst du folgendermaßen vor:

1. Grübeln erkennen

Zunächst ist es wichtig, überhaupt zu erkennen, dass deine Gedanken ins Grübeln abschweifen.

2. Neutral bleiben

Hast du es erkannt, solltest du dich nicht ärgern. Damit verleihst du den grüblerischen Gedanken nur zusätzliche Macht. Bleibe möglichst neutral.

3. Zurückführen

Je nachdem, wie tief du bereits im Grübeln steckst, kannst du erneut mit dem Gedankenstopp beginnen oder direkt mit dem Lenken fortfahren. Führe deine Gedanken ruhig aber zielgerichtet zu dem Thema oder zu der Tätigkeit zurück.

4. Geduldig bleiben

Bleibe auch dann geduldig, wenn du im Minutentakt abschweifst. Das ist natürlich viel verlangt, lässt sich aber nicht umgehen. Je öfter du deine Gedanken erfolgreich zurückführst - und sei es nur für eine halbe Minute - desto mehr wird das Zurückführen zur Routine und desto leichter wird es dir fallen.

Das Wichtigste in Kürze

- Die Grundvoraussetzung dafür, dass du erfolgreich an deinem Grübel-Problem arbeiten kannst, ist eine adäquate Einstellung. Du musst es dir selbst wert sein und begreifen, dass du in der Lage bist, dein Leben in die Hand zu nehmen und zu verändern.

- In aller Regel nützt es nichts, sich bestimmte Gedanke oder das Grübeln per se zu verbieten. Besser funktioniert das gezielte Umlenken der Gedanken.

- Dabei wird in zwei Schritten vorgegangen. Zunächst werden die Gedanken abrupt gestoppt, dann bewusst gelenkt.

- Sobald das Grübeln wieder eintritt, werden die Gedanken neutral zum gewählten Thema oder zur ausgeführten Tätigkeit zurückgeführt. Übung macht den Meister!

Kapitel 5: Die ersten Schritte - Beginne bei dir

Wenn du künftig weniger grübeln möchtest, musst du den Prozess dorthin zwingend bei dir selbst beginnen. Deine Grübeleien verändern sich vermutlich thematisch, inhaltlich, strukturell und in ihrer Ausprägung. Das einzige, was ihnen allen gemeinsam ist, bist du. Dieses Kapitel zeigt dir die ersten Schritte auf dem Weg in ein grübelärmeres Leben.

Nimm dich ernst und wichtig

Wie bereits in *Kapitel 4* angesprochen, ist es ungemein wichtig, dass du dich selbst ernst nimmst und dir wichtig bist. Vor allem, wenn du eine Person mit niedrigem Selbstwertgefühl bist und deine Bedürfnisse gerne hinten anstellst, kann dieser Schritt eine große Herausforderung für dich sein. Diese Tipps können dir dabei helfen, dich ernster zu nehmen und dich selbst endlich als wichtig einzustufen:

Lerne dich kennen

Viele Menschen, die nicht viel von sich halten, vermeiden es konsequent, sich mit sich selbst auseinanderzusetzen und sich wirklich kennenzulernen. Sie befürchten, dass ihnen nicht gefällt, was sie sehen würden und schauen daher gar nicht erst genauer hin. Das ist aber ein elementarer Fehler. Denn nur wenn du dich selbst aufmerksam betrachtest und dir erlaubst, dich wirklich zu sehen, kannst du herausfinden, wer du eigentlich bist. In deinem Kopf gibt es ein Bild von dir, das möglicherweise schon seit Jahren unverändert besteht. Du selbst hast dich aber weiterentwickelt, weshalb dieses Bild nicht mehr der Wahrheit entspricht. Traue dich, dich mit dir selbst zu beschäftigen, nimm dir Zeit, um deine Stärken, Schwächen, Eigenschaf ten, Fähigkeiten und Ängste genau unter die Lupe zu nehmen und schaffe dir ein neues, flexibleres Bild deiner selbst.

Lehre deine innere Stimme einen wertschätzenden Umgang

Die innere Stimme ist normalerweise maßgeblich an einem niedrigen Selbstwertgefühl beteiligt. Denn die Art, wie du mit dir selbst sprichst, wirkt sich darauf aus, wie du dich selbst siehst. Ziehe einen Schlussstrich unter die nörgelnden Gedanken, die immer etwas an dir auszusetzen haben und denen du es ohnehin nie recht machen kannst, und erwarte einen wertschätzenden Umgang von deiner inneren Stimme. Höre auf, destruktiv kritisierende Sätze, wie "Ich kriege einfach nichts auf die Reihe", "Ich hab es nicht besser verdient", "Ich bin es nicht wert" oder "Ich mache alles falsch", zu dulden. Denn solange du sie einfach hinnimmst, suggerierst du dir selbst, dass sie der Wahrheit entsprechen. Lasse solche Sätze nicht einfach so stehen, sondern widerspreche ihnen vehement und fordere konstruktive, wertschätzendere Entsprechungen ein. Ein Beispiel: Aus "Ich bin es nicht wert" wird "Ich bin es definitiv wert" und aus "Ich mache alles falsch" wird "Ich habe einen Fehler gemacht. Das ist menschlich."

Wechsle die Perspektive

Oftmals wird einem erst durch einen Perspektivwechsel klar, wie mies und hart man eigentlich mit sich selbst umgeht. Würdest du das, was du dir selbst sagst, so auch zu deiner besten Freundin, deiner Mutter oder deinem Kind sagen? Nein? Dann sage es auch nicht zu dir! Überlege, wie du es stattdessen formulieren würdest und übernehme diesen Satz für dich selbst. Meistens gehen wir mit uns selbst nämlich viel härter ins Gericht, als mit allen anderen.

Akzeptiere dich

Zugegeben: Sich selbst zu akzeptieren kann schwer sein. Wenn du dein Selbstwertgefühl verbessern möchtest, ist es aber unumgänglich. Mache dir bewusst, dass jeder Mensch Schwächen und Fehler hat. Es ist normal, nicht perfekt zu sein. Und es ist auch normal, gewisse Dinge an der eigenen Person nicht zu mögen. Hier gilt es klar zwischen Dingen, die du ändern kannst, und solchen, die du nicht ändern kannst, zu unterscheiden. Was du nicht ändern kannst musst du zwangsläufig akzeptieren. Es nützt nichts, immer wieder über Dinge nachzugrübeln, auf die du keinerlei Einfluss hast. Der Schlüssel zum Erfolg lautet hier somit radikale Akzeptanz. Mehr darüber erfährst du in Kapitel 7.

Nutze Autosuggestionen

Es kann helfen, gezielt mit Autosuggestionen zu arbeiten. Nimm Papier und einen Stift zur Hand und schreibe auf, was du dir sagen beziehungsweise wie du dich sehen möchtest. Schreibe zum Beispiel "Ich bin ein wertvoller Mensch", "Ich nehme mich ernst", "Ich bin wichtig" und "Ich akzeptiere mich" auf und lese die Worte mehrmals täglich laut vor. Je öfter du sie hörst, desto mehr wirst du sie fühlen.

Identifiziere und minimiere Stressoren

Wie du weißt, ist Stress oftmals ein Auslöser für das Grübeln. Um die Kraft dieses Auslösers zu reduzieren, musst du wissen, was genau dich unter Stress setzt. Dinge, Situationen, Gefühle und Aufgaben, die Stress hervorrufen, werden Stressoren genannt. Besonders häufig kommen diese Stressoren vor:

Beziehungsprobleme

Probleme in der Beziehung schlagen nicht nur auf den Magen, sondern vor allem auf die Nerven und lösen großen Stress aus. Sie sind häufig mit Unsicherheiten, Minderwertigkeitsgefühlen und Zweifeln verbunden.

Sorgen um Verwandte und Freunde

Wer sich große Sorgen macht, ist automatisch gestresst. Wenn Freunde oder Verwandte Probleme haben, überträgt sich der damit verbundene Stress gerne auf Angehörige, die mitfühlen und stellvertretend nach Lösungen suchen.

Zeitdruck

Bräuchte man einen 30-Stunden-Tag, um alles erledigen zu können, gerät man selbstverständlich unweigerlich in Stress.

Unschlüssigkeit/Unsicherheit

Bevorstehende Entscheidungen und damit verbundene Unsicherheiten können das Stresslevel ebenfalls stark erhöhen.

Leistungsdruck

In unserer heutigen Gesellschaft scheint Leistung alles zu sein. Wer selbst- oder fremdempfunden zu wenig leistet, gerät automatisch unter Stress.

Identifiere und minimiere Stressoren

Die genannten Stressoren sind natürlich nur Beispiele, sodass deine persönlichen Stressauslöser ganz anders aussehen können. Beobachte dich selbst und notiere deine Situation, wann immer du in Stress gerätst. Hierfür musst du zuerst lernen, Stress zu erkennen. Für gewöhnlich äußert sich dieser folgendermaßen:

- ✓ Schwitzige Hände
- ✓ Gedankenrasen
- ✓ Körperliche und geistige Anspannung
- ✓ Gefühle von Angst und/oder Überforderung
- ✓ Kreislaufprobleme
- ✓ Herzrasen
- ✓ Zuckungen und/oder Muskelkrämpfe
- ✓ Durchfall

Notiere jeden stressigen Moment und gehe dabei auf dessen Merkmale ein. Zu diesem Zweck kannst du die folgende Tabelle nutzen, in der bereits ein Beispiel eingetragen ist. Sollte dir der Platz der Tabelle zu klein sein, kannst du diese einfach für dich selbst, mit ausreichend Platz, erstellen.

Datum, Uhrzeit	Ort	Situation	Gedanken	Stressor
14.10.2019 10:30	Küche	Kochen für die Kinder	Ich bin zu spät dran, ich werde nicht rechtzeitig fertig und muss mich beeilen.	Zeitdruck

AUSGEGRÜBELT! Grübeln stoppen in der Praxis

Identifiere und minimiere Stressoren

Auf Dauer wirst du anhand deiner Notizen erkennen können, welche Situationen dich besonders häufig unter Stress setzen, für welche Stressoren du anfällig bist und ob es vielleicht einen Ort oder eine Tageszeit gibt, in der sich besonders oft Stress einstellt. Außerdem kannst du so ganz leicht beobachten, wie sich deine Gedanken in Stresssituationen gestalten.

Hast du deine Hauptstressoren erst einmal ausfindig gemacht, gilt es, diese zu minimieren. Grundsätzlich ist es natürlich ganz normal, hin und wieder in Stress zu verfallen und dieser lässt sich auch niemals ganz vermeiden. Es geht also nicht darum, jeglichen Stress aus dem Leben zu radieren, sondern darum, unnötigen Stress zu vermeiden. Betrachte deine Stressoren und überlege, was du tun könntest, damit diese seltener auftreten. Wenn wir beim Beispiel aus der Tabelle bleiben, könntest du möglicherweise generell etwas früher zu kochen anfangen, dir einfachere Gerichte einplanen oder dich in Gelassenheit üben, um beim Gedanken daran, dass das Essen verspätet auf den Tisch kommen könnte, nicht mehr in Stress zu verfallen. Wie du gelassener werden kannst, lernst du in Kapitel 7. Folgendermaßen kannst du andere gängige Stressoren minimieren:

Beziehungsprobleme

Ganz egal, ob es sich um zwischenmenschliche Schwierigkeiten in Bezug auf den Partner, einen Kollegen oder einen lieben Freund handelt - der Stress verschwindet nur, wenn das Problem angegangen oder ihm gegenüber eine gelassene Haltung eingenommen wird. In der Regel hilft es, ein Gespräch zu suchen und sich gemeinsam auf die Suche nach einer Lösung zu machen, die die Sache aus der Welt schaffen kann.

Sorgen um Freunde und Verwandte

Mitgefühl zu haben ist an und für sich eine sehr positive und wertvolle Eigenschaft. Wenn die Sorgen der anderen aber zu den eigenen werden, fehlt es an Distanz. Dann ist es an der Zeit, sich der Grenze zwischen dem Leben der Betroffenen und dem eigenen Leben bewusst zu werden und einen Schritt zurückzutreten. Wer sich von den Sorgen der anderen so sehr stressen lässt, dass es ihm dadurch selbst schlecht geht, ist schließlich nicht mehr in der Lage, diese zu unterstützen. Mit einer gesunden emotionalen Distanz hilfst du also nicht nur dir selbst, sondern auch den Betroffenen.

Unschlüssigkeit/Unsicherheit

Wichtige Entscheidungen sind Stressoren, die jedem Menschen immer wieder im Leben begegnen. Hier kann es helfen, sämtliche Entscheidungsmöglichkeiten einmalig durchzugehen und darüber nachzudenken, wie sich diese auswirken würden. Bevor man ins Grübeln gerät, muss ein Schlussstrich gezogen und eine Entscheidung getroffen werden. Dabei gilt: Kein Mensch trifft absichtlich eine offensichtlich falsche Entscheidung. Stellt sich eine Entscheidung später als "falsch" heraus, liegt dies in der Regel daran, dass sich die Dinge anders entwickelt haben, als zu erwarten war. Die Beurteilung der Entscheidung als "falsch" ist nur mit dem Wissen, das im Verlauf der Zeit gewonnen wurde, zu treffen und daher unfair. Kapitel 7 hält verschiedene Entscheidungsstrategien bereit, die du dir unbedingt ansehen solltest.

Leistungsdruck

Im Falle von Leistungsdruck muss zwischen dem selbst- und fremdgemachten Druck unterschieden werden. Wenn dein Chef dir sagt, dass deine Leistungen zu wünschen übrig lassen, handelt es sich um Letzteres. Dann kannst du dir einiges an Stress ersparen, indem du konkret nachfragst, inwiefern du dich verbessern kannst und solltest. Deutlich häufiger machen wir uns den Leistungsdruck aber selbst.

Hier kann wieder ein Perspektivwechsel helfen. Würdest du die Leistungen auch dann als schlecht oder nicht ausreichend bezeichnen, wenn sie nicht deine eigenen, sondern die eines Freundes wären? Mache dir zudem bewusst, dass das Leben nicht nur aus Leistung besteht und dein Wert nicht von der Leistung, die du erbringst, abhängt. Auch in diesem Fall kann eine ordentliche Portion Gelassenheit Wunder bewirken.

Ernähre dich richtig

Keine Ernährungsweise der Welt kann das Grübeln im Alleingang stoppen. Dennoch ist der Satz "Du bist, was du isst" gar nicht so weit hergeholt. Denn natürlich wirkt sich die Ernährung auch auf geistiger Ebene auf den Zustand aus. Wer viele Sorgen hat, unter großem Stress steht und grübelt wie ein Weltmeister, neigt entweder dazu, keinen Appetit mehr zu haben und das Essen zu vergessen, oder dazu, deutlich zu viel, zu hastig und zu ungesund zu essen. In letzterem Falle ist auch von Frust- oder Stressessen die Rede. Beides wirkt sich negativ auf das Wohlbefinden aus. Ernährt man sich grundsätzlich unausgewogen und ungesund, fühlt man sich weniger fit, abgeschlagen und matt und hat weniger Energie, um gegen das Grübeln vorzugehen. Aus diesem Grund spielt die Ernährung eine indirekte Rolle in Bezug auf Grübeleien. Um optimal funktionieren zu können, benötigt der menschliche Körper eine Vielzahl an Nährstoffen, die ihm täglich zugeführt werden müssen. Die meisten Menschen essen aber eher das, was schmeckt, als das, was ihrem Körper guttun würde - auch wenn sich beides natürlich nicht zwingend gegenseitig ausschließt. Hier ist es sinnvoll, sich einer App zu bedienen, die eine Datenbank mit den Nährwertangaben verschiedener Lebensmittel beinhaltet. Dort kannst du eintragen, was du täglich zu dir nimmst und so herausfinden, ob dein Körper alles bekommt, was er braucht. Alternativ kannst du die Werte auch einzeln online nachschlagen, was allerdings mit deutlich mehr Aufwand verbunden ist.

Schlafe ausreichend

Genau wie die Ernährung, ist auch der Schlaf ein elementarer Baustein, der zum körperlichen und geistigen Wohlbefinden beiträgt. Wer dauerhaft zu viel oder zu wenig schläft, fühlt sich tagsüber müde und benebelt und kann somit nur begrenzt klar denken. Aber wie viel Schlaf ist eigentlich optimal? Auf diese Frage gibt es keine pauschale Antwort. Jeder Mensch hat seinen eigenen Biorhythmus und benötigt unterschiedlich viel Schlaf. Während der eine wunderbar mit sechs Schlafstunden pro Nacht auskommt, braucht der andere acht Stunden oder mehr. Um herauszufinden, wie viel Schlaf dir gut tut, kannst du ein einfaches Experiment machen: Schlafe eine Nacht sechs Stunden, dann sieben, acht und schließlich neun und schreibe dir jeweils auf, wie du dich am Morgen danach und den folgenden Tag über fühlst. Was die besten Ergebnisse bringt, sollte weiterverfolgt werden. Zu wissen, wie viele Stunden Schlaf du brauchst, bringt dir aber wenig, wenn du nicht schlafen kannst. Leichte Schlafstörungen kannst du mit den folgenden Tipps selbst in den Griff bekommen:

Schlafrhythmus

Versuche, immer zu derselben Zeit ins Bett zu gehen und zu derselben Zeit aufzustehen. So kann sich der Körper allmählich an einen verlässlichen Schlafrhythmus gewöhnen. Dadurch schläfst du abends leichter ein und kommst morgen leichter aus den Federn.

Routine

Eigne dir eine Zubettgeh-Routine an. Du könntest zum Beispiel eine Tasse Tee trinken, ein Buch lesen, ein leichtes Sudoku lösen oder ein Bad nehmen. Die Hauptsache ist, dass deine Routine keine geistig oder körperlich anspruchsvollen Tätigkeiten beinhaltet, sondern dir erlaubt, herunterzufahren und zur Ruhe zu kommen. Dieser Routine gehst du jeden Abend direkt vor dem Zubettgehen nach. Mit der Zeit

beginnt dein Körper, sich auf den Schlaf einzustellen, wann immer du deine Routine absolvierst.

Frische Luft

Lasse frische Luft in dein Zimmer, bevor du dich schlafen legst. In stickigen und zu warmen Räumen fällt das Einschlafen einfach schwerer.

Auslastung

Achte darauf, dich tagsüber körperlich und geistig auszulasten. Das Einschlafen klappt besser, wenn du dich ordentlich beschäftigt und ausgepowert hast.

Koffeinverbot

Gewöhne dir an, nach 16 Uhr auf koffeinhaltige Getränke zu verzichten. Ansonsten wirken diese möglicherweise noch aufputschend, wenn du eigentlich schlafen willst.

Reizreduktion

Spätestens eine Stunde vor dem Zubettgehen solltest du die Reize, die auf dich einströmen, reduzieren. Schalte den Fernseher aus, lege das Smartphone beiseite und widme dich reizärmeren Beschäftigungen.

Pflanzliche Helfer

Es gibt verschiedene pflanzliche und rezeptfreie Mittel - meist in Kapsel- oder Tablettenform -, die beim Einschlafen helfen können. Diese enthalten oft Hopfenblüten, Kamille, Lavendel und andere natürliche Stoffe, die nachweislich beruhigend wirken. Solche Mittel machen, im Gegensatz zu so manchem verschreibungspflichtigen Medikament, nicht abhängig und können in der richtigen Dosierung bedenkenlos eingenommen werden. Kombiniert mit einem speziellen Schlaftee sorgen sie dafür, dass du sanft und sicher in den Schlaf gleitest.

Liegt bei dir eine mittlere oder schwere Schlafstörung vor, kommst du mit Schlafhygiene und Hausmittelchen vermutlich nicht weiter. Dann solltest du dir professionelle Hilfe holen, über eine psychotherapeutische Behandlung nachdenken und dich eventuell vorübergehend von Medikamenten unterstützen lassen.

Das Wichtigste in Kürze

- Wenn du das Grübeln in den Griff bekommen möchtest, musst du bei dir selbst beginnen. Im ersten Schritt musst du lernen, dich selbst zu akzeptieren und einen wertschätzenden Umgang mit dir zu pflegen.

- Stressoren sind Auslöser für Stress, zum Beispiel Beziehungsprobleme oder Leistungsdruck. Indem du Stressoren erkennst und minimierst, reduzierst du auch die möglichen Ursachen deines Grübelns.

- Indirekt wirken sich Ernährung und Schlaf auf den geistigen Zustand und somit auf das Grübeln beziehungsweise deine Fähigkeit, dagegen vorzugehen, aus. Um für eine gute Basis zu sorgen, solltest du also ausgewogen essen und ausreichend schlafen.

Kapitel 6: Langfristig weniger Grübeln

Wenn du die Tipps und Hinweise aus dem vorigen Kapitel beherzigst, bist du bereits auf einem guten Weg in ein grübelärmeres Leben. Eine wirkliche Strategie gegen das Grübeln hast du aber noch nicht an der Hand. Diese Lücke füllen wir nun. Nachfolgend findest du eine Schritt-für-Schritt Anleitung, die dich dabei unterstützt, das Grübeln langfristig hinter dir lassen zu können. Gegen Ende des Kapitels erfährst du außerdem, wie du den Grübeleien effektiv vorbeugen kannst.

9 Schritte gegen das Grübeln

In Kapitel 4 hast du gelernt, wie du akute Grübeleien stoppen und deine Gedanken umlenken kannst. Auf Dauer greift diese Methode aber nicht tief genug. Sie hilft dir, quälendes Grübeln kurzfristig zu beenden, schafft das Grübeln aber nicht langfristig aus der Welt. Das "Stop and Lead" kannst du dir wie ein Pflaster vorstellen, das du auf eine Wunde (deine Grübelei) klebst. Das Pflaster wird sich mit der Zeit aber lösen, ohne dass die Wunde darunter verschwindet. Um auf lange Sicht "geheilt" zu sein, musst du dir die Wunde genau ansehen, sie analysieren und adäquat behandeln. Genau das kannst du mit der folgenden Anleitung tun.

1. Grübeln neutral erkennen

Am Anfang musst du natürlich erkennen, dass du grübelst. Dabei kannst du dich an diesen Punkten orientieren, die ganz typisch für grübelnde Gedanken sind:

- ✓ **Unproduktivität** - Die Gedanken sind nicht zielführend und drehen sich zum Beispiel im Kreis

- ✓ **Präsenz** - Die Gedanken sind sehr präsent und nehmen deine ganze Aufmerksamkeit in Beschlag

✓ **Intensität** - Die Gedanken sind äußerst intensiv

✓ **Dauer** - Die Gedanken verschwinden nicht einfach, sondern dauern an

✓ **Qualität** - Die Gedanken wirken belastend, beschwerend, ermüdend oder quälend

Wenn du bemerkst, dass du grübelst, tust du dies möglichst neutral, also ohne dich zu ärgern. So vermeidest du es, der Grübelei von vorne herein eine unverhältnismäßig große Macht und Bedeutung zu verleihen.

2. Auslöser identifizieren

Es folgt die Suche nach dem Auslöser für das Grübeln. Sieh dir die gängigsten Ursachen in Kapitel 3 an und überlege, warum du wohl grübelst. Manchmal kommen auch zwei oder drei Auslöser infrage, die tatsächlich alle gleichzeitig zutreffen können. Sobald du weißt, aus welchem Grund du grübelst, kann es dir gelingen, das Grübeln als Symptom beziehungsweise als Folgereaktion zu erkennen, wodurch du es in einem neuen Licht betrachten kannst.

3. Stressoren minimieren

Minimiere deine Stressoren, wie in Kapitel 5 beschrieben. Nutze die Tabelle, die du dort findest, um Stressoren ausfindig zu machen und arbeite dann daran, den Stress aus den entsprechenden Situationen und Gegebenheiten zu nehmen.

4. Distanz

Das Erkennen des Auslösers alleine kann das Grübeln in aller Regel nicht beenden. Es ist an der Zeit, Distanz zu schaffen. Gefangen in der Grübelei fühlt es sich oftmals so an, als wäre sie ein Teil von dir und das stimmt natürlich auch. Schließlich stammen die grübelnden Ge-

9 Schritte gegen das Grübeln

danken aus deinem Gehirn. Wichtig ist folgende Erkenntnis: Du *erzeugst* die grübelnden Gedanken, du *bist* sie aber nicht. Sie sind ein Produkt deines Gehirns, das kein Bleiberecht genießt, wenn du es ihm nicht erteilst. Bewege dich aus der Opferrolle heraus und sieh das Grübeln nicht länger als etwas an, das dir *passiert*, sondern als etwas, das du geschehen lassen oder beenden kannst. Verändere deinen Blickwinkel. Wenn du erkennst, dass du nicht passiv bleiben musst, sondern die Wahl hast, das Grübeln aktiv anzugehen, sorgt das für die nötigen Millimeter Distanz.

5. Gedanken beobachten

Nimm dir die Zeit, deine Gedanken aufmerksam zu beobachten. Was sagen sie aus? Wie sind sie formuliert? Wie schnell bewegen sie sich? In welche Richtung bewegen sie sich? Sind sie freundlich, abwertend oder neutral? Stell dir vor, du würdest einen Zoo besuchen und den Tiger im Käfig bestaunen. Du nimmst jede seiner geschmeidigen Bewegungen wahr, bewunderst seine Streifen und kannst mehr Details, wie zum Beispiel seine zarten Schnurrhaare, sehen, je länger du ihn ansiehst. Versuche nicht, den Tiger zu beeinflussen und nimm keinen Kontakt zu ihm auf. Lasse ihn einfach seine Kreise ziehen und beobachte jeden seiner Schritte mit großem Interesse. Das wird eine ganz neue Erfahrung für dich sein. Für gewöhnlich befinden sich Grübler nämlich gefühlsmäßig mitten in den Gedanken. Sie sehen den Wald vor Bäumen nicht. Indem du dich in die Beobachterrolle begibst, kannst du wirklich begreifen, was du überhaupt denkst und wie es deinen Gedanken gelingt, von einem Aspekt zum nächsten zu kommen und sich dennoch im Kreis zu bewegen. Diese Vorgehensweise sorgt ganz nebenbei dafür, dass sich die Distanz zwischen dir und deinen Grübeleien weiter vergrößert und verstärkt die Gewissheit, dass du nicht untrennbar mit deinem Grübeln verbunden bist.

6. Gedanken aufschreiben

Nachdem du deinen Gedanken eine Weile lang unbeteiligt zugesehen hast, nimmst du ein Blatt Papier und einen Stift zur Hand und schreibst einfach mit. Wahrscheinlich wirst du nicht so schnell schreiben können, wie du denkst. Deine Gedanken werden deiner Hand davonlaufen. Dies kannst du reduzieren, indem du passende Abkürzungen verwendest und nicht jedes Wort einzeln und komplett ausschreibst. Kommst du dennoch nicht mehr hinterher, kannst du dir ein paar Sätze Pause gönnen und dann wieder mitschreiben, bis du erneut abgehängt wirst. Diesen Aufschrieb verfasst du nur für dich selbst. Kein anderer wird ihn je zu Gesicht bekommen, wenn du das nicht möchtest. Es gibt also keinen Grund, unschöne Gedanken, für die du dich vielleicht schämst, zu zensieren. Das Ganze ist nur sinnvoll, wenn du den Wortlaut und Inhalt deiner Gedanken so präzise wie möglich übernimmst.

7. Gedanken analysieren

Während du den Tiger in Schritt fünf nur beobachtet hast, nimmst du jetzt Gewebe- und Haarproben, misst die Länge seiner Schritte und versuchst herauszufinden, wie er es schafft, so geschmeidig zu laufen und warum er das tut. Du siehst dir deine Gedankenaufschriebe ganz genau an und beurteilst sie nach folgenden Kriterien:

- **Inhalt** - Was ist die Aussage des Gedankens?
- **Stimmung** - Welche Gefühle schwingen mit?
- **Bedeutung** - Was bedeutet der Gedanke für mich?
- **Zusammenhänge** - Wo finden sich Zusammenhänge zwischen Gedankensträngen?

9 Schritte gegen das Grübeln

8. Die Frage aller Fragen stellen

Nachdem du möglichst viel über deine grüblerischen Gedanken herausgefunden und diesen genügend Raum gegeben hast, gilt es, eine wichtige Frage zu stellen: Was kann ich tun, um die Gedanken zielführend zu Ende zu bringen? Führe ein Brainstorming durch und sammle Ideen.

9. Grübelei auflösen

Im neunten und letzten Schritt setzt du deine Ideen um. Du tust, was du tun musst, um ans Ziel deiner Grübelei zu gelangen. Die Maßnahmen können abschließende Gedanken oder aber Handlungen sein. Solltest du beispielsweise herausgefunden haben, dass deine Grübelei bedeutet, dass du unsicher bist, was die Treue deines Partners anbelangt, könntest du ein klärendes Gespräch führen, um die zugehörigen Gefühle und Gedanken aus der Welt zu schaffen.

7 Tipps - Grübeleien effektiv vorbeugen

Damit du erst gar nicht ins Grübeln gerätst oder das Grübeln zumindest ganz bewusst steuern kannst, kannst du auf folgende Vorgehensweisen zurückgreifen:

Aktives Grübeln

Grüble aktiv und ganz bewusst. Wenn du spürst, dass dich etwas umtreibt, gibst du diesen Gedanken Zeit und Raum, um an die Oberfläche zu kommen. Du legst einen Zeitrahmen fest und erlaubst dir in dieser Zeit, ordentlich zu grübeln. Am besten stellst du einen Wecker, damit ein klares Signal die Grübelei beendet. Der Zeitrahmen sollte so lange wie nötig und so kurz wie möglich ausfallen. Je nach Inhalt und Bedeutung der Grübelei, können zum Beispiel 15 oder 30 Minuten angemessen sein. Wichtig ist: Sobald der Wecker klingelt, ist das Grübeln beendet.

Der Grübelort

Immer wenn du aktiv grübelst, kannst du dazu einen bestimmten Ort aufsuchen. Das kann eine Ecke in deiner Wohnung sein, die du dir gemütlich einrichtest, oder aber die Bank im Garten oder der vorderste Stuhl im Esszimmer. Es sollte ein Ort sein, den du wirklich nur zum Grübeln besuchst, denn das Ziel ist es, das Grübeln mit diesem Ort zu verbinden, sodass du schließlich möglichst nur noch dort grübelst. Würdest du zum Beispiel den Fahrersitz deines Autos auswählen, würdest du über kurz oder lang ins Grübeln kommen, sobald du dich ins Auto setzt, was natürlich nicht Sinn der Sache ist. Hast du oft exakt mit Wecker und an deinem Grübelort gegrübelt, wirst du dich daran gewöhnen. Du wirst lernen, dass du grübeln darfst, aber eben nur, wenn du dir ganz bewusst die Erlaubnis erteilst. Mit etwas Übung wirst du nahezu nur noch aktiv an deinem Grübelort grübeln und die Grübelei mit dem Wecksignal loslassen können.

Die Kiste

Wenn du bemerkst, dass du in grüblerische Gedanken gerätst, dich aber gerade nicht an deinem Grübelort befindest und situationsbedingt auch nicht gerade jetzt grübeln kannst, stellst du dir vor, deine Gedanken in eine Kiste zu packen und diese zu verschließen. Wichtig ist, dass du die Kiste nicht beiseiteschiebst und vergisst, sondern zu einem geeigneten Zeitpunkt an deinem Grübelort öffnest.

Trennung von Innen und Außen

Dein Grübeln kannst du beeinflussen, doch es gibt auch Dinge, auf die du keinen Einfluss hast. Dazu gehört der größte Teil der Gefühls- und Gedankenwelt, sowie des Handelns anderer Personen. Gehörst du zu den Menschen, die gerne darüber nachgrübeln, was andere wohl denken, fühlen oder tun? Dann ist dieser Tipp besonders wichtig für dich. Lerne zu erkennen, was du beeinflussen kannst und was eben nicht - und beides voneinander zu unterscheiden. Du hast in der Hand, was du sagst und tust. Wie deine Worte oder Handlungen bei deinem Gegenüber ankommen und welche Gefühle und Gedanken sie bei ihm auslösen, liegt aber nicht in deiner Macht. Wenn du es schaffst, das Innen, also das, was von dir kommt, und das Außen, also die Reaktion anderer darauf, zu unterscheiden und zu akzeptieren, dass du keine Verantwortung für das Außen trägst, fallen viele Auslöser für Grübelattacken von selbst weg.

Durchbrechen von Reaktionsmustern

Beobachte, wie du normalerweise auf Stressoren und Auslöser für Grübelattacken reagierst. Was tust du, wenn sie eintreten? Entscheide dich dann dafür, beim nächsten Mal anders zu reagieren. So durchbrichst du das gewohnte Reaktionsmuster, das unausweichlich zum Grübeln führt.

Zielführende Gespräche

Manchmal kannst du Grübeleien nicht im Alleingang bearbeiten und auflösen. Du benötigst einen Gesprächspartner, der dir hilft, Distanz zu gewinnen, deine Möglichkeiten durchzugehen und nach einer Lösung zu suchen. Ein solcher Gesprächspartner kann ein Freund oder Verwandter sein, dem du nahe genug stehst, um ihm deine Gedanken anzuvertrauen. Je nach Intensität und Häufigkeit des Grübelns, kann es aber auch nötig sein, einen professionellen Gesprächspartner mit ins Boot zu holen. Gemeint ist hier ein Therapeut, der sich mit der Thematik auskennt und weiß, wo er ansetzen kann. Es kann Überwindung kosten, sich einzugestehen, dass man professionelle Hilfe braucht. Es ist ein großer Schritt, der aber in der Regel in die richtige Richtung führt und sich absolut auszahlt. Sei versichert, dass es kein Zeichen von Schwäche ist, sich an einen Therapeuten zu wenden und auch nicht bedeutet, dass du verrückt oder durchgeknallt bist. Es zeigt nur, dass du die Verantwortung für deine eigenen Probleme übernimmst, zugeben kannst, alleine damit überfordert zu sein und den Weitblick und Mut besitzt, dir die Hilfe zu suchen, die du brauchst. Informationen über geeignete Therapeuten in deiner Nähe findest du online. Alternativ kannst du dich auch an deinen Hausarzt wenden. Dieser kann dich mit einer lokalen Therapeutenliste versorgen und gegebenenfalls überweisen.

Humorvoller Umgang

Versuche, einen humorvollen Umgang mit dem Grübeln zu pflegen. Auf diese Weise nimmst du ihm die Macht und machst es deutlich erträglicher. Der Grad zwischen einem gesunden, humorvollen Umgang und dem Herunterspielen der Ernsthaftigkeit des möglicherweise bestehenden Problems ist dabei aber sehr schmal. Solltest du bemerken, dass du alleine nicht weiter kommst, egal wie locker, humorvoll oder souverän du die Sache handhabst, solltest du nicht zögern und dich in therapeutische Behandlung begeben. Du hast es verdient, deine eigenen Schwierigkeiten und Dinge, die dein Wohlbefinden negativ beeinträchtigen, ernst zu nehmen.

Das Wichtigste in Kürze

- Du kannst lernen, Schritt für Schritt aus dem Grübeln zu kommen. Wichtige Aspekte sind dabei mitunter das Identifizieren von Auslösern sowie das Aufschreiben und Analysieren der Gedanken.

- Außerdem kannst du Maßnahmen ergreifen, die dem Grübeln vorbeugen. So kannst du beispielsweise aktiv Grübeln, die einen Grübelort erschaffen und Reaktionsmuster gezielt durchbrechen.

Kapitel 7: Wichtige Skills - Von Achtsamkeit bis Social Detox

Es gibt eine Reihe von Fähigkeiten, die von essentieller Bedeutung für Menschen, die weniger grübeln wollen, sind. Abgesehen davon, wirken sich die meisten dieser Fähigkeiten auch anderweitig positiv auf das Leben aus. Es lohnt sich also, dir dieses Kapitel ganz genau anzusehen und zu überlegen, welche Skills du dir gerne aneignen würdest.

Achtsamkeit

Von der Achtsamkeit war in diesem Buch bereits mehrfach die Rede. Es ist also höchste Zeit, dass wir uns diese wertvolle und wichtige Fähigkeit genauer ansehen. Leider ist es gar nicht so leicht, zu erklären, was Achtsamkeit überhaupt ist. Vereinfacht gesagt ist die Achtsamkeit eine ganz spezielle Art der Aufmerksamkeit. Es geht dabei darum, den gegenwärtigen Moment möglichst intensiv und bewusst wahrzunehmen, ohne ihn zu beurteilen. Als Menschen sind wir daran gewöhnt, die Dinge schon in dem Augenblick, in dem sie uns widerfahren, einzuordnen und zu bewerten. Anstatt den Augenblick einfach auf uns wirken zu lassen, sind wir bereits damit beschäftigt, uns darüber Gedanken zu machen, was er wohl bedeutet, wohin er führt und was als Nächstes passiert. Diese Gewohnheit abzulegen ist alles andere als einfach. Achtsam zu sein, bedeutet, im Hier und Jetzt anzukommen, zu akzeptieren, bewusst zu erleben und nichts zu erzwingen. Wenn das gelingt, führt es zu zahlreichen Erkenntnissen und stößt verschiedene Entwicklungen an. Von diesen Vorteilen kannst du ganz konkret profitieren, wenn du mehr Achtsamkeit in dein Leben integrierst:

- ✓ Du kannst äußere Reize, Gefühle, Gedanken und Handlungen voneinander unterscheiden und Zusammenhänge und Muster erkennen

Achtsamkeit

- ✓ Du lernst neue Facetten deiner selbst kennen und kannst dich folglich besser verstehen

- ✓ Du erfährst, welche Glaubenssätze hinter deinem Denken, Fühlen und Handeln stecken

- ✓ Du wirst dir bewusst, welche Auswirkungen Reize, Gefühle, Gedanken und Handlungen auf dein Wohlbefinden haben

- ✓ Du schaffst es, deine Gedanken bewusst zu steuern und auf den Moment zu fokussieren

- ✓ Du entwickelst eine neue Sicht auf die Dinge und nimmst Details wahr, die dir ohne Achtsamkeit entgangen wären

- ✓ Du erfährst eine Entschleunigung, die in unserer schnellen Welt Balsam für die Seele ist

- ✓ Du gewinnst Klarheit - nicht nur in Bezug auf deine Gedanken, sondern bezüglich sehr vieler Aspekte deines Lebens

---

Die Fähigkeit der Achtsamkeit kann glücklicherweise trainiert und von jedem erlernt werden. Die einzige Voraussetzung ist die Bereitschaft, sich darauf einzulassen. Wenn diese bei dir vorhanden ist, kannst du mit den folgenden Übungen damit beginnen, deine Achtsamkeit zu verbessern:

Reise durch die Sinne

Die menschliche Wahrnehmung setzt sich aus den Reizen, die über die fünf Sinne - das Sehen, das Hören, das Tasten, das Riechen und das Schmecken - aufgenommen werden, zusammen. Über die Sinne erleben wir die Welt. Wirklich achtsam tun wir das aber nur selten. Ein Beispiel: Wenn dir ein Geruch in die Nase steigt, stufst du diesen für gewöhnlich noch im selben Moment als "gut" oder "schlecht" ein, anstatt ihn wirklich bewusst zu riechen. Diese Übung lädt dich dazu ein, dich einmal nur auf deine Sinne zu konzentrieren. Nimm einen einfachen Gegenstand zur Hand. Ein Stück Obst oder Gemüse eignet sich zum Beispiel gut. Zur weiteren Erläuterung gehen wir nun davon aus, du hättest dir einen Apfel ausgesucht. Betrachte ihn, als würdest du zum ersten Mal einen Apfel sehen und setze nacheinander deine fünf Sinne ein.

---------------Das Sehen---------------

Wie sieht der Apfel aus? Welche Farbe hat er? Welche Formen stechen dir ins Auge? Erinnere dich: Bewertungen sind nicht erlaubt. "Der Apfel ist rot" wäre zum Beispiel eine gute Wahrnehmung, während "Der Apfel ist schön" bereits urteilend ist.

---------------Das Hören---------------

Gehen Geräusche von dem Apfel aus? Oder ist er still? Wie sieht es aus, wenn du ihn schüttelst oder mit dem Finger dagegen pochst?

---------------Das Tasten---------------

Schließe die Augen und konzentriere dich vollkommen auf deinen Tastsinn. Wie fühlt sich der Apfel an? Ist seine Oberfläche glatt oder rau? Warm oder kalt? Eben oder unregelmäßig?

---------------Das Riechen---------------

Lasse die Augen weiterhin geschlossen und rieche an dem Apfel in deiner Hand. Wie riecht er? Bleibe wieder komplett wertungsfrei. Nehme den Geruch des Apfels wahr und beschreibe ihn - zum Beispiel als süß oder fruchtig - ohne darüber nachzudenken, ob dir der Geruch zusagt.

Das Schmecken

Schließlich beißt du in den Apfel, kaust ihn langsam und lässt deine Geschmacksknospen dabei ihre Arbeit tun. Wie schmeckt der Apfel? Ist er süß oder sauer? Ist der Geschmack eher mild oder intensiv?

Das Außen - Innehalten im Moment

Jeden Tag tust du unzählige Dinge. Angefangen beim Zurückschlagen der Decke am Morgen und endend mit dem Schließen der Augen am Abend, reiht sich eine Tätigkeit an die nächste, wobei du viele ganz automatisch auf Autopilot durchführst. Nimm dir im stressigen Alltag mindestens zwei Mal täglich kurz Zeit und halte inne. Atme einmal tief durch und besinne dich auf deine Sinne. Dabei ist es egal, ob du gerade in der Einkaufsstraße, im Büro oder in der Bahn bist. Wandere durch deine Sinne und widme dich jedem Sinn einige Sekunden lang. Was siehst du? Was hörst du? Was spürst du? Was riechst und schmeckst du? Zum Schluss atmest du noch einmal tief durch und führst fort, was auch immer du gerade getan hast. Die Übung nimmt lediglich ein bis drei Minuten in Anspruch und kann daher sehr einfach in den Alltag eingebaut werden.

Das Innen - Innehalten im Moment

Diese Übung funktioniert ganz ähnlich, wie die zuvor vorgestellte. Wieder hältst du mehrmals täglich kurz inne. Anstatt dich nun auf deine fünf Sinne zu konzentrieren, wirfst du einen Blick auf dein Inneres. Was fühlst du und welche Gedanken gehen dir durch den Kopf? Versuche, ein oder zwei vorherrschende Gefühle auszumachen und herauszufinden, welche Gedanken dich in diesem Moment bewegen.

Wachen statt warten

Im Alltag gibt es immer wieder Situationen, die dich zum Warten zwingen. Das kann zum Beispiel in der Warteschleife einer Hotline, an der Kasse im Supermarkt oder an der Bushaltestelle sein. Du kannst diese Wartezeit nutzen, um deine Achtsamkeit zu trainieren. Anstatt das Warten mit sinnlosem Herumtippen am Handy zu verbringen, erlebst du die Wartezeit ganz bewusst. Du kannst die Zeit nutzen, um deine Umgebung mit allen fünf Sinnen wahrzunehmen oder dich auf dein Inneres, also auf deine Gefühle und Gedanken, zu konzentrieren. Letzteres kann besonders spannend sein. Auf diese Weise kannst du beobachten, wie sich Warten auf deinen Gefühlszustand und deine Gedanken auswirkt. Beim achtsamen Warten rückt der Aspekt des Wartens komplett in den Hintergrund. Sprich: Du wartest nicht mehr aktiv, sondern konzentrierst dich auf den aktuellen Moment, ohne ständig an den verspäteten Bus oder die langsame Kassiererin zu denken.

Achtsames Gehen

Diese Übung kannst du durchführen, wann immer du eine Strecke zu Fuß zurücklegst. Die Achtsamkeit richtest du dabei auf deinen Körper. Wie fühlt es sich an, wenn dein Fuß auf den Boden aufsetzt? Wie stößt er sich ab? Wie schwingen deine Arme? Welche Muskelgruppen kannst du spüren? Und was macht deine Atmung? Nur wer achtsam gegangen ist, versteht, wie viel in seinem Körper passieren muss, damit er überhaupt vorwärts kommt.

Nichts-Tun

Das Nichts-Tun kann eine wahre Herausforderung sein. Die schnelle Zeit, in der wir heute leben, zeichnet sich dadurch aus, dass wir eigentlich immer etwas zu tun haben. Mehr noch: Während wir das eine tun, haben wir oft das Gefühl, eigentlich schon längst etwas anderes tun zu sollen. Wir tun regelmäßig mehrere Dinge gleichzeitig, aber es ist selten, dass wir wirklich absolut gar nichts tun. Das Nichts-Tun steht im Zentrum dieser Übung. Nimm eine bequeme sitzende oder liegende Position ein, stelle einen Wecker auf 15 Minuten und mache rein gar nichts. Beobachte dabei, was mit deinem Körper und deinem Geist geschieht. Wenn deine Gedanken abschweifen, führst du

sie neutral und konsequent zurück. Je öfter du dir erlaubst, nichts zu tun, desto mehr werden diese kostbaren Minuten zum Genuss für dich werden.

Bewegung

Ausreichend körperliche Betätigung trägt zu einem ausgeglichenen Geist bei. Beobachtungen zeigen, dass Menschen, die ihren Körper nicht auslasten, tendenziell häufiger ins Grübeln geraten. Fast so, als würde die fehlende körperliche Auslastung damit kompensiert, dass der Geist auf Hochtouren läuft. Wenn du genügend Bewegung in deinen Alltag integrierst, beugst du dem Grübeln also effektiv vor. Dabei ist es vorerst zweitrangig, welche Art von Bewegung du wählst. Du kannst auf dem Weg zur Arbeit etwas weiter weg parken und den Rest der Strecke zu Fuß zurücklegen, die Mittagspause im Fitnessstudio verbringen oder am Abend einer Teamsportart nachgehen. Vielleicht bist du beruflich bedingt aber auch schon so viel auf den Beinen, dass dein Körper bereits ausgelastet ist. Das kannst nur du selbst beurteilen. Generell empfiehlt es sich, eine Art der Bewegung zu finden, die Spaß macht und zu der man sich nicht zwingen muss. Wer das Joggen hasst, wird große innere Anstrengungen auf sich nehmen müssen, um sich täglich zum Joggen zu bewegen und es irgendwann ganz sein lassen. Zum Glück gibt es unglaublich viele verschiedene Sportarten. Manchen Menschen hilft es, einer Mannschaft beizutreten, die sie motiviert und dazu animiert, dranzubleiben. Andere fühlen sich dagegen wohler, wenn sie allein Sport machen. Beides ist vollkommen in Ordnung. Probiere ruhig Verschiedenes aus und setze dir zum Ziel, eine sportliche Betätigung zu finden, die dir Freude bereitet.

Entscheidungsstrategien

Wie du weißt, lösen schwierige Entscheidungen häufig Stress und damit verbunden Grübelattacken aus. Dem kannst du entgegenwirken, indem du dir wirksame Entscheidungsstrategien aneignest. Mit ihnen weißt du genau, wie du vorgehen kannst, wenn eine Entscheidung ansteht und behältst demzufolge die Kontrolle über den Entscheidungsprozess. Die folgenden Entscheidungsstrategien haben sich bewährt:

Entscheidung in zwei Schritten

Es kann hilfreich sein, jede Entscheidung in zwei Schritte zu gliedern. Diese sehen dann wie folgt aus:

1. Lage analysieren

Im ersten Schritt wird die Sachlage neutral betrachtet. Die zu treffende Entscheidung wird klar ausformuliert, sodass kein Zweifel daran besteht, worum es konkret geht. Dann werden die Entscheidungsoptionen aufgeführt und schließlich Pro- und Contra Argumente für jede einzelne Option gesammelt. Du gehst also so vor:

1.1. *Welche Entscheidung muss ich treffen?*

1.2. *Wie kann ich mich entscheiden?*

1.3. *Was spricht für und gegen meine Optionen?*

2. Endgültig entscheiden

Unter Berücksichtigung der analysierten Sachlage wird dann eine Entscheidung getroffen. Dabei muss dir bewusst sein, dass diese Entscheidung endgültig ist. Du hast die Sachlage analysiert und triffst deine Entscheidung, ohne sie danach noch einmal in Frage zu stellen.

Fokus auf die Graustufen

Schwarz-Weiß-Denken kann die Entscheidungsfindung behindern und dazu führen, dass Fehlentscheidungen getroffen werden. Daher kann es hilfreich sein, sich einmal gezielt auf die Graustufen - also auf die Nuancen zwischen Schwarz und Weiß - zu konzentrieren. Keine Entscheidung ist nur gut oder nur schlecht. In den allermeisten Fällen hat eine Entscheidung, die später als "schlecht" bewertet wird, Gutes mit sich gebracht - und eine "gute" Entscheidung hat die ein oder andere negative Konsequenz. Was im Schwarz-Weiß-Denken als gut und richtig erscheint, kann demnach potenziell falsch sein. Und zwar dann, wenn sich in den Graustufen so viele negative Auswirkungen finden, dass sie die eine eindeutig positive Konsequenz übertreffen. Um eine gut durchdachte, umfassende Entscheidung treffen zu können, durchläufst du diese Schritte:

1. Entscheidung formulieren

Am Anfang steht wieder die klare Formulierung der zu treffenden Entscheidung. Was genau hast du zu entscheiden?

2. Optionen bewerten

Im zweiten Schritt legst du die Optionen, die zur Auswahl stehen, fest und bewertest diese. Du bestimmst, wie gut oder schlecht es vermutlich wäre, die entsprechende Option zu wählen. Zur Bewertung bietet sich ein Punktesystem an. 5 Punkte stehen für absolut positiv, -5 Punkte für absolut negativ.

3. Graustufen integrieren und bewerten

Dann gehst du auf die individuellen Folgen der einzelnen Optionen ein und bewertest diese einzeln. Wie positiv oder negativ ist jede einzelne Folge? Auch hierfür verwendest du das Punktesystem.

4. Abschließende Bewertung

Schließlich rechnest du die Punktzahlen der einzelnen Optionen zusammen. Dabei lässt du deine erste Einschätzung (Schritt 2) bis zum Schluss außen vor und ziehst dann einen Vergleich. Ein Beispiel: Option A hast du ohne auf die Graustufen einzugehen mit 4 Punkten bewertet. Die Folgen von Option A wurden mit 2, -3, 4 und -2 bewertet. Du rechnest also 2 + 4 - 3 - 2 und kommst auf das Ergebnis 1. Deine erste Bewertung der Option muss also in Anbetracht aller Folgen nach unten korrigiert werden. Genauso verfährst du mit allen möglichen Optionen. Am Ende entscheidest du dich für die Option mit der besten Bewertung.

Portionierte Entscheidung

Es gibt große Entscheidungen, die sich eigentlich aus mehreren kleinen Entscheidungen zusammensetzen. Wenn das der Fall ist, kann es Sinn ergeben, die Entscheidung zu portionieren. Du triffst eine kleine Entscheidung nach der anderen, bis die Sache schließlich erledigt ist.

Faustregeln für die Entscheidung

Es kann sich auszahlen, grundlegende Regeln festzulegen, an die du dich immer dann hältst, wenn du eine Entscheidung treffen musst. An dieser Stelle findest du eine Liste möglicher Regeln. Welche davon du für sinnvoll erachtest und umsetzt, musst du selbst entscheiden. Eine Reihe fester Richtlinien unterstützt dich auf Dauer dabei, angesichts einer Entscheidung nicht in Stress zu geraten, sondern dich klar an deinen Regeln orientieren und entlang hangeln zu können.

- ✓ Ich formuliere jede zu treffende Entscheidung verständlich und eindeutig aus.

- ✓ Ich lasse mir immer 5 Minuten Zeit, um kleine Entscheidungen zu treffen. Für große Entscheidungen mit weitreichenden Konsequenzen genehmige ich mir eine Stunde.

Entscheidungsstrategien

✓ Ich nehme mir vor jeder Entscheidung Zeit, um tief durchzuatmen und einen klaren Kopf zu bekommen.

✓ Ich besinne mich auf meine Optionen und bewerte diese, zum Beispiel indem ich Pro- und Contra Listen anfertige.

✓ Ich vergegenwärtige, dass ich nicht hilflos oder ausgeliefert bin. Die Tatsache, dass ich eine Entscheidung treffen kann, bedeutet, dass ich die Kontrolle habe.

✓ Wenn ich eine Entscheidung getroffen habe, steht diese fest. Ich zweifle nicht mehr daran und blicke nicht zurück.

Entspannung

Wer grübelt, ist automatisch angespannt. Das äußert sich meist nicht nur auf geistiger, sondern auch auf körperlicher Ebene. Man verkrampft sich, knirscht mit den Zähnen oder ballt die Fäuste. Um Grübeleien entgegenzuwirken, muss entsprechend für regelmäßige Entspannung gesorgt werden. Du weißt, wie du dich entspannen kannst? Wunderbar! Dann musst du nur noch dafür sorgen, dass du dir diese Entspannung auch zukommen lässt. Oft reichen Kleinigkeiten, um die Entspannung zu fördern. Eine heiße, duftende Tasse Tee, ein warmes Bad oder ein kurzes Nickerchen können Wunder bewirken. Wenn du dich mit dem Entspannen aber schwer tust, kannst du mit Entspannungsübungen daran arbeiten.

Progressive Muskelentspannung nach Jacobsen

Die progressive Muskelentspannung nach Jacobsen ist eine Technik, die heute in vielen Teilen der Welt Anwendung findet und von Reha- und Kur-Zentren therapiebegleitend eingesetzt wird. Es geht dabei um das bewusste An- und Entspannen von Muskelpartien. Die Ausgangsposition ist die bequeme Rückenlage.

1. Vorbereitung

Suche einen Ort auf, an dem du mindestens 15 Minuten lang ungestört sein kannst. Lege dich bequem auf den Rücken, nimm dir eine Decke, falls dir zu kalt sein sollte und dimme das Licht. Die Augen kannst du offen lassen, in der Regel bietet es sich aber an, sie zu schließen.

2. Anspannen - Spüren - Entspannen - Spüren

Die Übung folgt einem einfachen Prinzip: Anspannen - Spüren - Entspannen - Spüren. Du lenkst deine Aufmerksamkeit auf eine Muskelpartie, spannst diese an und hältst die Spannung. Du spürst, wie sich

Entspannung

die Spannung anfühlt, löst sie dann und spürst nach. Dabei sorgst du bei den einzelnen Muskelpartien wie folgt für Anspannung:

Füße	Rolle die Zehen nach unten, also zum Boden hin, ein.
Unterschenkel	Strecke das Bein und den Fuß bis in die Zehen hinein lang aus und beuge das Sprunggelenk dann so weit wie möglich nach unten, also Richtung Boden.
Oberschenkel	Winkle das Bein an, lege den gleichseitigen Unterarm an die Außenseite des Knies und drücke mit dem Bein dagegen.
Po	Hebe den Po vom Boden ab und führe die Hüfte Richtung Decke. Dabei bleiben die Beine und Schultern fest am Boden.
Bauch	Ziehe den Bauch von der Mitte ausgehend kraftvoll ein.
Rücken	Mache ein Hohlkreuz.
Brust	Atme tief in die Brust hinein ein, sodass sich der Brustkorb aufwölbt und weitet.
Bizeps	Balle die Hand zur Faust und führe sie in einer kontrollierten, kraftvollen Bewegung Richtung Schulter.
Hand	Mache eine Faust und achte dabei darauf, dass die Kraft aus der Handfläche kommt.
Finger	Winkle das jeweils oberste Glied der Finger an, als würdest du die krallenbestückten Pranken eines Löwen nachahmen wollen.
Schultern	Ziehe die Schultern nach oben in Richtung der Ohren.

Nacken	Hebe den Kopf samt Nacken vom Boden ab.
Gesicht	Lege die Stirn in Falten, rümpfe die Nase, reiße den Mund auf und drücke mit der Zunge gegen den Gaumen.

Bei allen Muskelpartien, die du doppelt besitzt (links- und rechtsseitig), fängst du mit einer Seite an und gehst dann zur anderen über. Du widmest dich also zum Beispiel zunächst dem Fuß, dem Unter- und dem Oberschenkel rechts und springst dann nach links.

3. Übung beenden

Wenn du durch deinen gesamten Körper gewandert bist, beendest du die Übung, indem du alle Muskelparteien gleichzeitig anspannst, die Spannung spürst, dann entspannst und gründlich nachspürst. Kannst du noch Verspannungen wahrnehmen? Falls ja, bearbeitest du die betreffende Körperstelle nochmal einzeln. Setze dich dann langsam auf und lasse deinem Kreislauf Zeit, um in Schwung zu kommen, bevor du aufstehst.

Fantasiereise

Geführte Fantasiereisen können sich äußerst entspannend auswirken. Online, zum Beispiel auf YouTube, findest du eine Vielzahl kostenloser Angebote, mit denen du in deiner Fantasie einen Ausflug zum Strand, in den Dschungel oder auf eine einsame Insel machen kannst. Alternativ bieten auch Musikdienste, wie Amazon Music Unlimited, Podcasts mit Fantasiereisen an. Im Netz kannst du zudem CDs mit entsprechendem Inhalt erwerben. Du kannst dir aber auch deine ganz eigene Fantasiereise ausdenken und diese mit deinem Smartphone aufnehmen, sodass du sie dir immer wieder anhören kannst. Achte dabei auf einen ruhigen Tonfall, eine sanfte Stimme und ein gemütliches Sprechtempo.

4. Loslassen

Letztendlich ist das Loslassen eine Entscheidung. Diese kannst du mit suggestiven und visuellen Elementen untermauern. Sage dir klar und deutlich "Ich lasse X los". Schreibe X auf ein Blatt Papier und reiße es in Stücke, zünde es an oder schmeiße es bei vollem Tempo aus dem Autofenster.

Meditation

In vielen Kulturen gehört die Meditation zum Alltag und auch in Deutschland erfährt sie eine immer größer werdende Beliebtheit. Das kommt nicht von ungefähr! Regelmäßiges Meditieren reduziert Stress, fördert die Konzentration, steigert das allgemeine Wohlbefinden und wirkt sich ebenfalls positiv auf das Grübeln aus. Grund genug, dich selbst an die Meditation heranzutasten und ihr eine Chance zu geben. Dabei solltest du dir im Klaren darüber sein, dass es seine Zeit dauern kann, bis du dich an das Meditieren gewöhnt hast und es tatsächlich als wohltuend empfindest. Lasse dir diese Zeit und gehe in deinem eigenen Tempo vor. Wenn du merkst, dass dir die Meditation gut tut und du deine Fähigkeiten gerne vertiefen würdest, bietet es sich an, einen Meditationskurs zu besuchen oder umfassendes Begleitmaterial, in Form von Büchern, CDs und DVDs, anzuschaffen. Die nachfolgenden Übungen dienen lediglich als Einstieg und sollen dir ermöglichen, "Meditations-Luft" zu schnuppern. Für alle Übungen gelten diese Regeln:

- ✓ Kleide dich bequem
- ✓ Suche einen ruhigen Ort auf, an dem du ungestört bist
- ✓ Minimiere störende Einflüsse, wie zu grelles Licht oder Lärm
- ✓ Nimm dir mindestens 15 Minuten Zeit

Der Wohlfühlort

Nimm eine bequeme sitzende oder liegende Position ein und schließe die Augen. Nun geht es darum, an einen Ort zu reisen, an dem du dich rundum wohlfühlst. Das kann ein Ort sein, der tatsächlich existiert und den du kennst, oder aber ein Ort, den es nur in deiner Fantasie gibt und den du selbst kreierst. Wie sieht es dort aus? Was gibt es dort alles und was soll es dort ganz bewusst nicht geben? Gehe ruhig in die Details. Wenn es an deinem Wohlfühlort beispielsweise große Kissen gibt, kannst du diesen eine Form und eine Farbe geben und dir vorstellen, wie es sich anfühlt, sich darauf zu legen. Welche Geräusche kannst du an deinem Wohlfühlort hören? Ist es dort vollkommen still oder gibt es vielleicht Musik, Vogelgezwitscher oder plätscherndes Wasser? Erinnere dich: Dein Wohlfühlort ist genau so, wie du ihn haben möchtest und zwar ohne Einschränkungen. Nutze so viele Sinne wie möglich, um ihn dir auszumalen. Riecht es dort vielleicht blumig, erdig oder besonders sauber? Visualisiere den Ort, an dem du dich pudelwohl fühlst und stelle dir vor, dass du dort bist. Es ist dein Ort, deine Zeit, dein Gefühl. Du kannst diesen Ort immer dann aufsuchen, wenn du Ruhe und Entspannung brauchst und je öfter du ihn besuchst, desto mehr wird er sich "wie Zuhause" anfühlen. Dabei kann er sich natürlich ganz frei verändern, schließlich ändern sich auch deine Bedürfnisse.

Die Erdung

Die Erdungsmeditation empfiehlt sich vor allem dann, wenn du gestresst bist, deine innere Mitte suchst, dich nach Stabilität und Halt sehnst und Körper und Geist in Einklang bringen möchtest. Lege dich auf den Rücken und lasse deinen Atem fließen. Schließe die Augen und stelle dir vor, es würden Wurzeln aus deinem Hinterkopf, deinen Schulterblättern, deinem Rücken, deinem Po und deinen Beinen wachsen. Diese Wurzeln bahnen sich ihren Weg durch den Boden, auf dem du liegst, die Stockwerke hinunter bis zum Erdboden und verankern sich dort. Spüre die Energie, die durch die Wurzeln aus der Erde in deinen Körper strömt und dich mit Ruhe und Frieden erfüllt. Mit jedem Einatmen wird der Energiefluss stärker, mit jedem Ausatmen verteilt sich die Energie gleichmäßig in deinen Gliedern. Verweile in diesem Zustand, bis du dich vollkommen ruhig und friedlich fühlst. Wenn du bereit dazu bist, forderst du die Wurzeln gedanklich dazu auf, sich zu lösen. Du stellst dir vor, wie sie aus der Erde gleiten und sich zurückbilden, bis sie schließlich verschwunden sind. Die Energie, die sie dir gegeben haben, bleibt aber in deinem Körper und erfüllt dich von der Kopfhaut bis in die Zehenspitzen.

Atemmeditation

Bei der Atemmeditation dreht sich alles um deine Atmung. Nimm eine aufrecht sitzende Position ein, damit dein Brustkorb geöffnet ist und dein Atem frei fließen kann. Schließe die Augen und konzentriere dich auf deine Atmung. Nimm ganz bewusst wahr, wie die Luft durch deine Nase in deine Lungen fließt, dabei deinen Brustkorb weitet und deinen Körper schließlich wieder verlässt. Verlangsame deine Atemzüge nach und nach und bleibe mit deiner Aufmerksamkeit voll und ganz bei deiner Atmung.

Mantra Meditation

Bei der Mantra Meditation geht es darum, den Kopf auszuschalten, Gedankenleere zu erzielen und dadurch zu Klarheit und Entspannung zu finden. Im ersten Schritt wählst du ein Mantra aus. Das kann das klassische "Om", aber auch ein ganz anderes Wort sein. Wichtig ist, dass du möglichst wenig mit dem gewählten Wort in Verbindung bringst. "Auto" wäre demnach ein schlechtes Wort, denn immer wenn du "Auto" denkst, assoziierst du automatisch weiterführende Gedanken damit. Du denkst dann an dein Traumauto, deine letzte Fahrt in den Urlaub, die Werkstattrechnung, die noch beglichen werden muss, oder daran, dass du noch Winterreifen brauchst. Das ist das Gegenteil von dem, was mit der Mantra Meditation bewirkt werden soll. Suche dir also ein aussageschwaches Wort, zu dem keine Assoziationen bestehen und schon kannst du loslegen. Setze oder lege dich bequem hin und schließe die Augen. Lasse deinen Atem frei fließen und besinne dich auf den Moment. Beginne dann, dein Mantra zu sprechen. Das kannst du laut oder nur in deinem Inneren tun. Wiederhole das Mantra immer und immer wieder, ganz regelmäßig und ohne Eile. Bleibe gedanklich ganz bei diesem Mantra und führe deine Gedanken zu ihm zurück, wann immer sie abschweifen. Mit der Zeit füllt das Mantra deinen ganzen Geist aus. Dabei passiert Folgendes: Dein Geist langweilt sich, weil du ihm immer wieder ein und dasselbe bedeutungslose Wort servierst. Dadurch klinkt er sich nach und nach aus. Er ist unterfordert, merkt, dass es hier momentan nichts für ihn zu tun gibt und zieht sich zurück. Wenn das passiert, hast du die Gedankenleere erreicht. Ein Zustand, der sowohl befreiend als auch beruhigend und friedvoll ist.

Minimalismus

Minimalismus liegt voll im Trend. Die Menschen entrümpeln ihre gesamte Wohnung, ihre Kleiderschränke, ihre Bücherregale - was nicht gebraucht wird, fliegt raus. Und dann stellen sie fest: Weniger haben befreit. Den Ballast in Form von überflüssigen Gegenständen und Habseligkeiten loszuwerden, ist eine Art Befreiungsschlag und macht - ganz entgegen dessen, was uns der Kapitalismus lehrt - zufrieden. Wer alles hat, was er braucht, wird nicht glücklicher, indem er noch mehr kauft und über die Jahre ansammelt. Beschränkt man sich auf die Dinge, die man wirklich zum Leben und Überleben benötigt und die einem tatsächlich gut tun, und trennt sich von dem Rest, hat man zwar weniger, ist aber zufriedener. In einer aufgeräumten und nicht überfüllten Wohnung, deren Inhalte sich auf das Wesentliche beschränken, fällt es leichter, durchzuatmen, klar zu denken und die eigenen Gedanken zu ordnen. Die Umsetzung der minimalistischen Lebensweise kann besitzorientierten Menschen schwer fallen. Mit unseren drei Anleitungen für Anfänger kannst du damit beginnen, "mehr vom Weniger" in dein Leben zu bringen.

Tatort Kleiderschrank

Im Schnitt hängen in jedem Kleiderschrank zu 80% Klamotten, die nur selten, also an 20% der Tage, getragen werden. Die übrigen 20% der Klamotten werden hingegen an 80% der Tage angezogen. Daraus folgt, dass 80% der Kleidungsstücke entweder nicht wirklich gefallen, sich schlecht kombinieren lassen, angezogen auf der Haut kratzen oder nur zu ganz bestimmten Anlässen getragen werden können, die sehr selten stattfinden. Der Kleiderschrank eignet sich also hervorragend dazu, zur Tat zu schreiten und mit dem Projekt "Minimalismus" zu beginnen. Für das Ausmisten des Kleiderschranks benötigst du wahrscheinlich mindestens zwei Stunden, sodass du dir Zeit nehmen und die Sache bestenfalls am Wochenende in Angriff nehmen solltest.

1. Großer Karton, kleiner Karton

Besorge einen sehr großen und einen kleineren Karton und stelle beide Kartons neben deinen Kleiderschrank. In den großen Karton kommen später alle Teile, die du weggeben möchtest, in den kleinen jene, die bleiben dürfen.

2. Stück für Stück

Nimm jedes einzelne Kleidungsstück in die Hand und frage dich, wie oft du es in den letzten zwölf Monaten getragen hast. Natürlich kannst du dich unmöglich ganz genau daran erinnern. Es genügt, die Anzahl ehrlich zu schätzen. Lautet die Antwort "zehnmal oder mehr", landet das Teil im kleinen Karton. Ist die Anzahl geringer, gehört das Teil in den großen Karton. So gehst du vor, bis dein Kleiderschrank leer und beide Kartons voll sind. Wahrscheinlich ist, dass der kleine Karton nun überfüllt ist, während der große noch Kapazitäten übrig hat.

3. Runde 2

Im dritten Schritt nimmst du dir nochmals den kleinen Karton vor. Schaue dir die Kleidungsstücke einzeln an und überlege dir, ob du dich von einem oder einigen trennen könntest, wenn du dafür ein Teil aus dem großen Karton zurück bekommen würdest. Für je zwei Teile, die du aus dem kleinen Karton herausnimmst, darfst du eines aus dem großen Karton zurückholen.

4. Einräumen

Zum Schluss räumst du alle Kleidungsstücke, die sich im kleinen Karton befinden, zurück in den Kleiderschrank und betrachtest dein Werk. Die aussortierten Klamotten sollst du natürlich nicht wegschmeißen. Hochwertige Teile kannst du beispielsweise online verkaufen, den Rest verschenken oder spenden, was zusätzlich glücklich macht.

> **Glücklichmacher**

Das Ziel ist es nicht nur, weniger zu haben, sondern auch, vor allem Dinge um sich zu haben, die einen glücklich machen. Nimm dir nach und nach Bücher, CDs und andere Lieblingsstücke vor. Nimm jeden Gegenstand einzeln in die Hand und achte darauf, welches Gefühl er in dir auslöst. Was dich auf Anhieb glücklich macht, bleibt. Was nur Neutralität oder gar negative Gefühle in dir auslöst, hat nicht länger etwas in deiner Wohnung zu suchen.

> **Tüte für Tüte**

Nimm eine Tüte zur Hand und gehe durch deine Wohnung. Lasse den Blick schweifen, öffne Schubladen und Schränke und lege alles in die Tüte, was dir nicht mehr gefällt, was du nicht mehr brauchst oder was dich vielleicht sogar schon immer unbewusst gestört hat. Ist die Tüte voll, ist die Aufgabe für den Tag erledigt. Wiederhole diesen Vorgang täglich für mindestens eine Woche. Zum Ende dieser Woche wirst du wunderbar entrümpelt und einen großen Schritt in Richtung Minimalismus gemacht haben.

Naturverbundenheit

Viele Menschen finden Ruhe, Frieden und seelische Entlastung, wenn sie sich in der Natur befinden. Du musst nicht zwingend Bäume umarmen - auch wenn das tatsächlich sehr heilsam und schön sein kann - und du musst auch nicht vom überzeugten Stadtmenschen zum Waldkauz werden. Du solltest der Natur aber die Chance geben, dir etwas Gutes zu tun. Mache gelegentlich einen Spaziergang über freie Felder und Wiesen, setze dich auf eine Bank am Waldrand oder schlendere an einem plätschernden Fluss entlang. Umgeben von nichts als Natur, kannst du um einiges freier und klarer denken, als es inmitten einer belebten Stadt der Fall ist. Du kannst die Seele baumeln lassen, ganz natürlichen Geräuschen lauschen und für eine Weile einfach nur sein.

Proaktivität

Möglicherweise hast du nur eine wage Vorstellung davon, was Proaktivität bedeutet. Damit bist du nicht alleine. Der Begriff, der aus dem Englischen eingedeutscht wurde, kann einen schon mal ins Grübeln bringen: Aktivität ist klar, das Gegenteil, also die Passivität, ebenfalls, aber was soll dann Proaktivität sein? Die Bedeutung des Wortes lässt sich recht einfach mittels dessen Gegenstück, der Reaktivität, erläutern. Wer reaktiv handelt, wird nicht aus eigener Initiative heraus aktiv, sondern erst, wenn gewisse Umstände eintreten, auf die er reagieren muss. Er reagiert also, anstatt zu agieren. Handelt man dagegen proaktiv, wartet man nicht darauf, dass etwas eintritt, das eine Reaktion nötig macht. Man packt die Dinge aktiv an, nimmt sie in die eigene Hand und agiert, anstatt zu reagieren. Wenn du es schaffst, das Prinzip der Proaktivität zu verinnerlichen und selbst überwiegend proaktiv zu handeln, fallen viele Situationen, die Grübelattacken auslösen könnten, von vorne herein weg. Du sitzt nicht auf dem Sofa und wartest grübelnd darauf, dass dein Partner dir von selbst beichtet, dass er fremdgegangen ist, damit du dann darauf reagieren kannst.

Stattdessen sprichst du ihn konkret darauf an, erwartest eine Antwort und übernimmst somit die aktive, anstatt die passive Rolle. Du grübelst nicht stundenlang darüber nach, ob und wann wohl deine nächste Beförderung ansteht, sondern vereinbarst einen Termin mit deinem Vorgesetzten, bereitest dich darauf vor und versuchst die Informationen zu bekommen, die du brauchst. Durch proaktives Handeln kannst du viele Dinge, die dich zum Grübeln bringen und belasten könnten, schon klären, bevor sie dich tatsächlich negativ beeinflussen.

Problemlösungsstrategien

Genau wie Entscheidungen, triggern auch Probleme das Grübeln. Daher widmen wir uns an dieser Stelle einer Problemlösungsstrategie, die sich in der Vergangenheit bewähren konnte und auch im Kontext des therapeutischen Arbeitens hin und wieder zum Einsatz kommt.

1. Problem *definieren*

Zu aller erst muss das Problem klar definiert werden. Worum geht es überhaupt? Wie stellt sich das Problem konkret dar?

2. Problem *analysieren*

Es folgt die Analyse des Problems. Wodurch wird es verursacht? Wer oder was ist verantwortlich dafür, dass es dieses Problem gibt? Und was genau macht es überhaupt zu einem Problem?

3. Lösungswege *sammeln*

Anschließend machst du dich auf die Suche nach möglichen Lösungen. Wie könntest du das Problem lösen? Wessen Hilfe brauchst du dafür? Welche Wege kannst du gehen?

4. Lösungswege *bewerten*

Schließlich bewertest du die einzelnen Lösungsoptionen, wobei du die Kriterien Umsetzbarkeit, Höhe des Aufwands, Auswirkungen auf mich und Auswirkungen auf andere in deine Überlegungen mit einbeziehst, und vergleichst sie miteinander.

5. Problem *lösen*

Zu guter Letzt entscheidest du dich für eine Lösungsoption und löst das Problem auf diese Weise.

Radikale Akzeptanz

Radikale Akzeptanz ist eine Fähigkeit, von der du dein ganzes Leben lang und in den verschiedensten Situationen profitieren kannst. Ganz nebenbei reduziert sie Grübeln fast automatisch. Hierbei geht es darum, Dinge, die du nicht ändern kannst, voll und ganz zu akzeptieren.

Das klassische Beispiel ist der Regen: Stell dir vor, du hast einen Wochenendtrip mit Freunden geplant, auf den du dich schon seit Tagen freust. Am Tag der Abreise wachst du auf, siehst aus dem Fenster und erkennst, dass es sintflutartig schüttet. Eines ist klar: der Trip fällt ins Wasser. Im wahrsten Sinne des Wortes. Du ärgerst dich furchtbar, schimpfst über den Regen, fragst dich, womit du das verdient hast und welche Götter sich wohl gegen dich gewandt haben und hast augenblicklich absolut miese Laune. Nicht nur der Morgen oder der Tag, sondern das ganze Wochenende ist für dich gelaufen. Wärst du aber geübt in radikaler Akzeptanz, würdest du erkennen, dass der Regen etwas ist, auf das du keinen Einfluss hast. Es haben sich keine Götter gegen dich verschwören und du wirst auch nicht bestraft - es regnet ganz einfach. Und daran kannst du rein gar nichts ändern. Wenn es dir gelingt, diese Tatsache - also dass es regnet - zu akzeptieren, musst du dich nicht darüber aufregen und dir die Laune vermiesen lassen. Es regnet, du kannst es nicht ändern und du weißt, dass der Regen nicht absichtlich fällt, um dir dein Wochenende zu versauen. Indem du das nun akzeptieren kannst, kannst du andere Pläne machen. Du kannst deine Freunde in deiner Wohnung zusammentrommeln, ihr könnt euch Filme ansehen oder gemeinsam kochen. Und du hast das ganze Wochenende, das du dir wegen des Trips freigehalten hast, Zeit, um zu tun, was immer du tun willst. Das klingt doch deutlich besser, als weiter grimmig über den Regen zu fluchen oder?

Das Prinzip lässt sich auf sehr viele alltägliche Situationen übertragen. Wenn der Bus mal wieder zu spät kommt, du eine Absage für eine Stelle erhältst, im Supermarkt die Milch ausverkauft ist oder du dir beim Sport ein Bein verstauchst. Negative Dinge, die du nicht in der Hand hast, passieren, so ist das Leben. Und natürlich lässt sich nicht aus jeder negativen Situation etwas Positives machen. Aber indem du radikal akzeptierst, kannst du immerhin nach vorne sehen und das Beste daraus machen.

Setzen von Grenzen

Gehörst du zu den Menschen, die oft ins Grübeln geraten, weil sie es anderen immer recht machen wollen? Dann solltest du unbedingt lernen, Grenzen zu setzen. Ein Beispiel: Eine entfernte Freundin schreibt dir eine Nachricht und bittet dich darin darum, ihr am nächsten Tag beim Umzug zu helfen. Das würdest du wahrscheinlich auch tun, aber du hast schon etwas vor, das du eigentlich nicht verschieben möchtest. Jetzt fragst du dich, ob du eine schlechte Freundin bist, wenn du nicht hilfst, ob du den Termin, der dir wichtig ist, nicht doch verschieben solltest, wann du dann wohl wieder einen Termin ergattern wirst und ob deine Bekannte den Umzug überhaupt ohne dich schaffen kann - und Schwups bist du mitten in der Grübelei. Indem du lernst, Grenzen zu setzen und auch mal nein zu sagen, wenn du etwas einfach nicht tun möchtest oder kannst, wirkst du dem entgegen. Eine einfache Nachricht à la "Sorry, das ist jetzt zu spontan, ich hab leider schon etwas vor" würde genügen und die Sache wäre ab gehakt. Mache dir klar, dass du nein sagen und Grenzen setzen darfst und dass du es sogar musst, wenn du deine eigenen Bedürfnisse ernstnehmen und - Stichwort Selbstfürsorge - auf dich achten möchtest. Üben kannst du das nur, indem du es tust. Fange an, nein zu sagen, wenn dir danach ist, setze eine Grenze nach der anderen und schon bald wird es dir nicht mehr so schrecklich schwer fallen, dich selbst einmal zur Priorität zu machen, ohne direkt ins Grübeln zu kommen.

Social Detox

Das Internet und insbesondere die sozialen Netzwerke, wie Facebook, Instagram, Twitter und Co., sind - besonders für Menschen der Generation Y und Z, aber durchaus auch für manche ältere Personen - ein Geschenk des Himmels und haben einen festen Platz im Leben eingenommen. Und das völlig zu recht: Schließlich waren das Sammeln von Informationen, das Verbinden mit Gleichgesinnten, das Pflegen von Freundschaften und das Erfahren von Geschehnissen in der ganzen Welt noch nie so einfach wie heute - und das alles dank des Internets. Doch die sozialen Medien wirken sich nicht selten auch nachteilig auf die Menschen aus, die viel Zeit damit verbringen, das Leben anderer auf Instagram zu verfolgen, über ihr Mittagessen zu twittern und die Profile ihrer Ex-Partner auf Facebook zu stalken.

Durch Social Media sind wir einer konstanten Reizüberflutung ausgesetzt. Niedliche Katzenvideos, bestürzende Nachrichten aus Kriegsgebieten, unangebrachte Hetzbeiträge, Clips von beeindruckenden Stunts, Werbeeinblendungen und nervtötende Trump-Tweets reihen sich aneinander und zwar in Endlosschleife. Dazu kommen laufend Benachrichtigungen bezüglich Likes, Kommentaren und Anfragen rein und seit WhatsApp die blauen Häkchen eingeführt hat, kann man noch nicht mal mehr eine Nachricht zeitweise ignorieren, ohne direkt den Anflug eines schlechten Gewissens zu verspüren. Das alles führt unweigerlich zu einer Überforderung, die wir noch nicht einmal mehr wahrnehmen. Schließlich sind wir es gewohnt.

Beim Social Detox geht es darum, sich bewusst eine Auszeit davon zu nehmen. Sich aus- und nicht mehr einzuloggen, WhatsApp Push-Benachrichtigungen zu deaktivieren und abseits des digitalen Wahnsinns durchzuatmen. Die viralen Trends zu verpassen, nicht liken, folgen, teilen oder antworten zu müssen und für einige Tage so zu leben, wie wir es uns schon gar nicht mehr vorstellen können. Ob du bereit dazu bist, das Social Detox durchzuziehen und wie lange du das tun willst, liegt natürlich ganz bei dir. Aber einen Versuch ist es doch wert, oder?

Das Wichtigste in Kürze

- **Achtsamkeit:** Die Achtsamkeit ist eine besondere Form der Aufmerksamkeit. Es geht darum, im Hier und Jetzt anzukommen, nicht zu werten und den Moment bewusst wahrzunehmen. Diese Fähigkeit kann von jedem erlernt und trainiert werden.

- **Bewegung:** Wenn der Körper ausgelastet ist, gerät man tendenziell weniger leicht ins Grübeln. Daher sollte man dafür sorgen, sich täglich ausreichend zu bewegen.

- **Entscheidungsstrategien:** Wichtige Entscheidungen gehören zu den Top-Stressoren. Entscheidungsstrategien helfen dabei, nicht in Panik zu verfallen, sondern klar strukturiert und möglichst stressfrei entscheiden zu können.

- **Entspannung:** Grübeln bringt automatisch Anspannung mit sich. Für Grübler ist es daher besonders wichtig, sich regelmäßig ganz bewusst Entspannung zu verschaffen.

- **Erinnerungskorrektur:** Oftmals wird über Vergangenes nachgegrübelt. Die Gedanken stützen sich

Das Wichtigste in Kürze

dabei vollkommen auf die subjektive Erinnerung, die das vergangene Geschehnis nicht selten verzerrt. Um damit verbundene Grübeleien aufzulösen, kann es nützlich sein, sich an einer Erinnerungskorrektur zu versuchen.

- **Gelassenheit:** Je gelassener mit Dingen umgegangen wird, desto weniger lösen diese Grübeleien aus. Zum Glück lässt sich Gelassenheit üben.

- **Loslassen:** Wer es schafft, Vergangenes, das eigentlich keine Relevanz mehr besitzt, loszulassen, befreit sich damit von möglichen Auslösern.

- **Meditation:** Die Meditation kann zu mehr Entspannung, Wohlbefinden, Gelassenheit und Klarheit verhelfen. Mit den vorgestellten einfachen Übungen kann ein Einstieg gefunden und ausgelotet werden, inwiefern die Meditation einem persönlich zusagt.

- **Minimalismus:** Minimalismus funktioniert nach dem Motto "Weniger ist mehr". Es geht dabei darum, die eigene Zufriedenheit zu erhöhen, indem materieller Ballast reduziert wird.

- **Naturverbundenheit:** Ein Aufenthalt in der Natur ist oft Balsam für die Seele. Ausflüge "nach draußen" sind also sehr zu empfehlen.

- **Proaktivität:** Proaktiv zu handeln, bedeutet zu agieren, anstatt zu reagieren. Dadurch lassen sich viele Themen, über die man andernfalls nachgrübeln würde, ganz einfach angehen und klären, bevor sie zum Problem werden können.

- **Problemlösungsstrategien:** Probleme lassen sich schneller, leichter und ganz ohne Grübelei lösen, wenn man eine funktionierende Strategie zur Hand hat.

- **Radikale Akzeptanz:** Dinge, die man nicht ändern kann, sollte man am besten radikal akzeptieren. Auf diese Weise verschwendet man weniger Zeit damit, über Sachverhalte zu schimpfen und nachzugrübeln, auf die man ohnehin keinen Einfluss hat.

- **Setzen von Grenzen:** Um den eigenen Bedürfnissen gerecht zu werden, ist es von Zeit zu Zeit nötig, Grenzen zu setzen und auch mal "nein" zu sagen - und das ganz ohne schlechtes Gewissen.

- **Social Detox:** Beim Social Detox ist Abschalten angesagt. Es geht darum, sich ganz bewusst eine Auszeit von den sozialen Medien zu nehmen und der konstanten Reizüberflutung somit zeitweilig zu entgehen.

Kapitel 8: Wie Außenstehende Grübler unterstützen können

Du selbst bist nicht vom Grübeln betroffen, möchtest aber wissen, wie du dir nahestehende Betroffene unterstützen kannst? Dieses Kapitel widmet sich der Hilfe durch Angehörige und erklärt dir, was du tun kannst, um deinen grübelnden Lieben zu helfen.

Verständnis statt Vorwürfe

Grübler wissen ganz genau, dass sie grübeln. Und sie wissen auch, dass es eigentlich unhöflich ist, in Gesprächen abzuschweifen, seinem Gegenüber nicht zuzuhören und keinen Beitrag zum Gespräch zu leisten. Für Angehörige kann es manchmal ziemlich nervenaufreibend sein, mit einem Grübler umzugehen. Sie fühlen sich ignoriert, wenn der grübelnde Freund mal wieder nicht mitkriegt, was man sagt, und deuten seine Abwesenheit oftmals als Desinteresse. Frustriert werden dann schnell Anschuldigungen und Vorwürfe abgefeuert. "Hör mir doch endlich mal zu!", "Dich interessiert ja gar nicht, was ich sage" und "Mit dir kann man sowieso nicht reden" sind noch eher nette Formulierungen. Der Frust ist durchaus verständlich, doch die Vorwürfe an sich sind weder hilfreich noch fair. Hätte der Grübelnde die Wahl, würde er höchstwahrscheinlich deutlich lieber angeregt plaudern, als in seinen eigenen Gedanken festzustecken - er weiß nur nicht, wie er das anstellen soll. Als Angehöriger oder Freund solltest du dir Mühe geben, Verständnis aufzubringen und den Leidensdruck, den der Betroffene ohnehin schon spürt, nicht zusätzlich durch Vorwürfe verstärken. Wenn du dein Verständnis ausdrückst, solltest du auf die Formulierung achten. Tue nicht so, als wüsstest du genau, wie es ihm geht, wenn das nicht der Fall ist. Wenn du selbst nie Probleme mit quälenden grüblerischen Gedanken hattest, kannst du nicht wissen, wie es dem Betroffenen damit geht. Du kannst ihn aber wissen lassen, dass du ihn nicht verurteilst, dass du für ihn da bist und verstehst, dass er nicht freiwillig grübelt. Du kannst ihn auch bitten, dir seinen Zustand zu schildern, damit du dich besser in seine Situation hineinversetzen kannst.

Zuhören und Fragen stellen

Ist der Betroffene bereit dazu, mit dir über sein Grübeln zu reden, solltest du dies unbedingt zu schätzen wissen. Offenbar hat der Betroffene großes Vertrauen zu dir. Höre genau zu, unterbrich nicht und bleibe aufmerksam. Du kannst ruhig Fragen stellen, wenn du etwas genauer erklärt haben oder mehr über einen Aspekt erfahren möchtest. Gib deinem Gegenüber das Gefühl, dass seine Worte bei dir ankommen und gut aufgehoben sind. Lasse ihn spüren, dass er sich nicht umsonst mitteilt und versichere ihm, dass die Entscheidung, sich dir zu öffnen, richtig war.

Methoden und Herangehensweisen vorschlagen

Durch dieses Buch weißt du einiges darüber, wie man das Grübeln durchbrechen und Grübelattacken entgegenwirken kann. Du verfügst also möglicherweise über Wissen, das der Grübler selbst nicht hat, das ihm aber weiterhelfen könnte. Schlage ihm einzelne Methoden vor und verwende dabei ruhig dieses Buch, sodass er direkt nachlesen kann, was du meinst. Es ist gut möglich, dass der Betroffene zunächst abblockt und völlig dichtmacht. Vielleicht möchte er sich nicht eingestehen, dass er mit dem Grübeln ein Problem hat, vielleicht ist er aber auch einfach noch nicht bereit dazu, die Sache in Angriff zu nehmen. Nimm dir seine Reaktion nicht zu Herzen, sondern akzeptiere sie und lasse das Thema vorerst ruhen. Der Betroffene weiß nun immerhin, dass du möglicherweise hilfreiche Informationen besitzt und wird von selbst auf dich zukommen, wenn er soweit ist.

Sensibel bleiben und Hilfe anbieten

Irgendwann gewöhnt man sich als Angehöriger daran, dass der Betroffene ständig grübelt. Man stumpft quasi ab und nimmt das häufige Grübeln gar nicht mehr wirklich wahr. Versuche, sensibel und aufmerksam zu bleiben und die Grübelattacken deines Gegenübers nicht als "vollkommen normal" einzustufen. Denke daran, von Zeit zu Zeit deine Hilfe anzubieten und schlage ihm therapeutische Hilfe vor, wenn du dies für angemessen hältst.

Distanz wahren

Trotz allem Mitgefühl, musst du dir im Klaren darüber sein, dass es sich um das Problem deines Angehörigen oder Freundes handelt - nicht um dein eigenes. Du kannst zuhören, da sein, Hilfe anbieten, Verständnis zeigen und Vorschläge machen, aber du kannst den Kampf gegen das Grübeln nicht für dein Gegenüber führen. Das muss es schon selbst tun.

Das Wichtigste in Kürze

- Angehörige und Freunde von Grüblern sollten Geduld haben und die geistige Abwesenheit des Betroffenen nicht persönlich werten. Vorwürfe können die Situation keinesfalls verbessern.

- Sollte der Betroffene über sein Problem mit dem Grübeln sprechen wollen, gilt es, aufmerksam zuzuhören.

- Als Angehöriger oder Freund kann man seine Hilfe anbieten und Methoden aus diesem Buch vorschlagen. Den Kampf gegen das Grübeln muss der Betroffene letztendlich aber selbst führen.

Kapitel 9: Grübelfrei in 4 Wochen

Nun sind wir fast am Ende dieses Buches angelangt. Die letzten neun Kapitel haben dir viele wichtige Informationen rund um das Thema Grübeln geliefert und dir elementares Handwerkszeug vermittelt. In diesem letzten Kapitel findest du einen 4-Wochen-Plan, an dem du dich auf deinem Weg in ein grübelarmes Leben orientieren kannst. Natürlich musst du ihn nicht befolgen, sondern kannst auch auf deine eigene Weise vorgehen. Dennoch kann er dir als Struktur im - hoffentlich erfolgreichen - Kampf gegen das Grübeln dienen. Sollte dir diese Tabelle zu wenig Platz bieten, kannst du sie selbstverständlich auch übertragen, sodass du mit dem Platz auskommst.

Die drei goldenen Regeln

Damit der Plan übersichtlich bleibt, stellen wir zunächst einige goldenen Regeln auf, die tages- und wochenübergreifend gelten und an die du dich die komplette Zeit über halten solltest.

1. *Ausreichend und gesund essen*

Die Ernährung ist ein Grundbaustein, der sich sehr direkt auf dein Wohlbefinden, deine Fähigkeit zur Konzentration und viele weitere Aspekte auswirkt. Um die besten Voraussetzungen zu schaffen, ist es daher unerlässlich, dass du dich gesund und ausgewogen ernährst.

2. *Ausreichend und regelmäßig schlafen*

Für den Schlaf gilt dasselbe. Finde einen Schlafrhythmus, der zu dir passt (siehe *Kapitel 5*) und halte dich daran.

3. Du bist es dir wert!

Deine Grundeinstellung muss stimmen, damit du Erfolge verzeichnen kannst. Du musst es dir wert sein, das Grübeln aktiv anzugehen und dein Leben zu verbessern.

Woche 1

Willkommen in Woche 1 deines Anti-Grübel-Programms! Jede Woche wird von einer einfachen Tabelle begleitet. Sie unterstützt dich dabei, deine Grübeleien täglich zu dokumentieren und deine Vorgehensweisen zu bewerten. In der ersten Spalte vermerkst du, ob du an diesem Tag überhaupt gegrübelt hast. In die zweite Spalte trägst du den Auslöser ein, die dritte beherbergt das Thema, um das sich deine Grübeleien gedreht haben. Besonders spannend ist Spalte 4. Dort vermerkst du, wie genau du gegen das Grübeln vorgegangen bist und fügst eine Bewertung deiner Methodik an. 0 steht dabei für absolut wirkungslos und 5 für absolut wirksam. In der letzten Spalte findest du jeweils eine Aufgabe, die du an diesem Tag erledigen sollst. Du wirst feststellen, dass jede Woche nur aus sechs Tagen besteht. Der siebte Tag ist ganz bewusst "frei" und gibt dir Zeit, eine Auszeit vom Thema Grübeln zu nehmen. Zusätzlich hält jede Woche eine Wochen-Challenge bereit, die dich dazu motivieren soll, wichtige Skills zu erlernen. Außerdem erwartet dich wöchentlich eine Zusatz-Challenge. Diese ist als eine Art Fleißaufgabe anzusehen, die du erledigen kannst oder auch nicht. Empfohlen wird natürlich, auch diese Aufgabe zu bewältigen. Viel Spaß!

Wochen-Challenge

In dieser Woche konzentrieren wir uns im Speziellen auf die Achtsamkeit. Führe jeden Tag mindestens eine der Achtsamkeitsübungen durch, die du in Kapitel 7 findest.

Zusatz-Challenge

Du hast noch Kapazitäten frei? Wunderbar! Hier kommt deine Zusatz-Challenge: Bestimme und/oder richte dir einen Grübelort ein. Genaueres dazu kannst du in Kapitel 6 nachschlagen.

T A G	Gegrübelt?	Auslöser/ Stressor	Thema	Vorgehen und Bewertung	Tagesaufgabe
BEISPIEL	Ja	Angst/Sorgen	Führerscheinprüfung	Gedankenstopp, Perspektivwechsel, Gedanken umlenken (Kochen) - 4	...
1					Schreibe auf, warum du weniger grübeln möchtest. Nenne alle Gründe, die dir gegen das Grübeln einfallen.
2					Wenn du heute ins Grübeln gerätst, schreibst du die Gedanken auf (siehe Kapitel 6) und führst eine Analyse durch.

3					Schreibe auf, welche Dinge du loslassen möchtest - und tue es (siehe Kapitel 7).
4					Gönne dir ein heißes Bad und erlebe es ganz achtsam mit allen fünf Sinnen.
5					Arbeite heute mit Autosuggestionen. Sage dir mindestens 1x pro Stunde "Ich habe meine Gedanken unter Kontrolle."
6					Erstelle einen Notfallplan. Führe darin schrittweise auf, was du tun kannst, wenn dich eine Grübelattacke plagt.

Woche 2

Nachdem du den Einstieg gemeistert hast, geben wir in Woche 2 so richtig Gas. Also steig ein, schnall dich an und düse los in Richtung Grübelfreiheit!

Wochen-Challenge

Das Thema der Woche ist die Gelassenheit. Ergreife jede Gelegenheit, die sich dir in den nächsten sieben Tagen bietet, um einen gelassenen Umgang zu üben. Alle Infos, die du dazu benötigst, stehen in Kapitel 7 bereit.

Zusatz-Challenge

Erfahre am eigenen Leib, dass weniger manchmal einfach mehr ist. Sieh dir die Übungen zum Minimalismus in Kapitel 7 an und wage dich an den "Tatort Kleiderschrank".

TAG	Ge-grü-belt?	Auslöser/Stressor	Thema	Vorgehen	Tages-aufgabe
1					Begib dich in die Natur, tanke Kraft und versuche, eine Verbindung zwischen dir und deiner Umwelt herzustellen.

Woche 2

2						Kreiere deinen Wohlfühlort mit der zugehörigen Übung unter "Meditation" in *Kapitel 7*.
3						Mache einen Spaziergang und gehe dabei jeden einzelnen Schritt ganz bewusst.
4						Absolviere die "Glücklichmacher" Übung zum Thema Minimalismus aus *Kapitel 7*.
5						Heute darfst du aktiv grübeln (siehe *Kapitel 6*). Erlaube dir 15 Minuten lang, über ein Thema deiner Wahl nachzugrübeln.
6						Wenn du heute mit einer Entscheidung konfrontiert wirst, sollst du eine der Entscheidungsstrategien aus *Kapitel 7* anwenden.

Woche 3

Woche 3 wartet mit weiteren spannenden Aufgaben auf dich!

Wochen-Challenge

Nun dreht sich alles um die radikale Akzeptanz, die du in Kapitel 7 kennengelernt hast. Wann immer du diese Woche mit etwas konfrontiert wirst, das du nicht ändern kannst, sollst du dich bemühen, es radikal zu akzeptieren.

Zusatz-Challenge

Tausche dich aus! Sprich mit einem Angehörigen oder Freund über das Thema Grübeln und finde heraus, ob jemand, der dir nahesteht, eventuell ganz ähnliche Probleme hat. Gemeinsam kann das Nicht-Grübeln leichter fallen.

TAG	Gegrübelt?	Auslöser/Stressor	Thema	Vorgehen	Tagesaufgabe
1					Ziehe eine Zwischenbilanz. Welche Fortschritte hast du in den vergangenen zwei Wochen gemacht?

Woche 3

2					Erstelle eine Liste mit Dingen, die du nicht ändern kannst und mit denen du häufig konfrontiert wirst.
3					Besinne dich auf die gestern erstellte Liste und beschließe ganz bewusst, diese Dinge künftig zu akzeptieren.
4					Beschäftige dich mit verschiedenen Sportarten und überlege, welche für dich infrage kommen.
5					Entscheide dich für eine Sportart und probiere sie aus oder vereinbare einen diesbezüglichen Termin.

| 6 | | | | | Arbeite mit Autosugges- tionen und sage dir wiederholt "Ich lasse das Grübeln hinter mir." |

Woche 4

Du hast bis hierhin durchgehalten und den Plan befolgt? Wunderbar! Durchlaufe Woche 4 und schließe das Programm erfolgreich ab.

Wochen-Challenge

Die letzte Woche steht ganz im Zeichen der Entspannung. Mache in dieser Woche mindestens drei Fantasiereisen und probieren mindestens zwei weitere Entspannungsübungen aus Kapitel 7 aus.

Zusatz-Challenge

Bist du Hardcore genug, um dich auf Social Detox (siehe Kapitel 7) einzulassen? Dann nimm diese Challenge an und trenne dich für mindestens drei Tage - besser aber noch für die ganze Woche - von WhatsApp, Twitter, Facebook und Co.

Woche 4

TAG	Ge-grübelt?	Auslöser/Stressor	Thema	Vorgehen	Tages-aufgabe
1					Noch einmal ist aktives Grübeln angesagt. Grüble 15 Minuten - falls vorhanden, natürlich an deinem Grübelort.
2					Widme dich heute vor dem Einschlafen der progressiven Muskelentspannung aus Kapitel 7.
3					Lenke deine Gedanken gezielt auf ein Thema deiner Wahl und denke zielführend darüber nach.

AUSGEGRÜBELT! Grübeln stoppen in der Praxis

4					Reflektiere: Spürst du den Unterschied zwischen Grübeln und dem zielführenden gestrigen Nachdenken?
5					Lege eine Liste mit Dingen an, mit denen du deine Zeit sinnvoller verbringen kannst als mit dem Grübeln.
6					Frage eine Person, mit der du viel Zeit verbringst, ob sie dich derzeit als präsenter/ weniger abwesend wahrnimmt.

Dein Fazit

Vier Wochen sind geschafft! Es ist an der Zeit, stolz auf dich zu sein und dir einmal ordentlich auf die Schulter zu klopfen. Du hast dich entschieden, dich gegen das Grübeln zu wehren, dazuzulernen und dein Leben aktiv zu verbessern. Das ist eine tolle Leistung! Zum Schluss kannst du ein Fazit bezüglich der Erfahrungen, die du in den letzten vier Wochen gesammelt hast, ziehen. Verwende dafür die folgende Vorlage:

1. Für mich waren diese vier Wochen...

_____

_____

_____

2. Ich habe gelernt...

_____

_____

_____

3. Besonders geholfen hat mir...

_____

4. Folgendes hat weniger gut funktioniert...

_____

5. Folgendes möchte ich in Zukunft beibehalten...

_____

Schlusswort

Entweder hast du an dieser Stelle den 4-Wochen Plan erfolgreich hinter dich gebracht oder du beginnst damit zeitnah. Suche auf jeden Fall keine weiteren Ausflüchte und verschiebe es nicht immer weiter nach hinten, sondern starte *JETZT*! Und vergiss nie: Eine Woche muss nicht erst am Montag beginnen.

Wenn dir dieses Buch gefallen und geholfen hat, dann würde ich mich sehr über dein Feedback freuen. So kannst du anderen Menschen ebenfalls dabei helfen, dass sie ihr Grübeln loswerden und hinter sich lassen können.

www.amazon.de/ryp

Ich wünsche dir auf deinem Weg gegen das Grübeln nur das Beste, sodass du dein Leben ohne Grübeln in vollen Zügen genießen kannst.

Weitere Werke von KR Publishing

Die Klartraum Methode

- Paula Weinbach -

In diesem Buch erfährst du:

✓ Wie du jeden Tag zusätzlich einige Stunden an wertvoller Zeit gewinnst.

✓ Wie du dein Unterbewusstsein erforschen und programmieren kannst.

✓ Wie du komplexe Probleme im Schlaf löst und kreativer wirst.

Und noch Vieles mehr!

Hochsensible Kinder

- Paula Weinbach -

In diesem Buch erfährst du:

✓ Wie du dein hochsensibles Kind bestmöglich unterstützen kannst.

✓ Wie du deinem Kind das Leben erheblich erleichtern kannst.

✓ Welche Methoden euch auf eurem Weg am besten weiterhelfen.

Und noch Vieles mehr!

Intervallfasten
für Frauen

- Pauline Höppner -

In diesem Buch erfährst du:

✓ Wie du ohne Sport effektiv und langfristig abnehmen kannst.

✓ Wie du nur mit einer Stoppuhr dir die Kilos schmelzen lässt.

✓ Wie du ohne Verzicht auf Süßes deine Wunschfigur erreichen kannst

Und noch Vieles mehr!

STOIZISMUS

- Johannes Lichtenberg -

In diesem Buch erfährst du:

✓ Wie du zum Fels in der Brandung wirst und jede Situation meisterst.

✓ Wie du die unerschütterliche Gelassenheit eines Mönchs erlangst.

✓ Wie du resistent gegen Stress wirst und dich nie wieder aufregst.

Und noch Vieles mehr!

Die Macht der
**Emotionalen
Intelligenz**

- Johannes Lichtenberg -

In diesem Buch erfährst du:

✓ Wie du deine emotionale Intelligenz schnell & einfach erhöhen kannst.

✓ Wie du durch einen höheren EQ erfolgreicher im Leben werden kannst.

✓ Wie du die emotionalen Intelligenz effektiv im Alltag anwenden kannst.

Und noch Vieles mehr!

In diesem Buch erfährst du:

✓ Warum Allgemeinwissen so wichtig ist.

✓ Wie du Allgemeinwissen am besten und leichtesten lernen und behalten kannst.

✓ Umfassendes Allgemeinwissen zu 16 verschiedenen Themen.

Und noch Vieles mehr!

Lust auf mehr? Unser Geschenk an dich!

Vielen Dank für den Kauf von diesem Buch und deinem damit verbundenen Vertrauen in uns als Herausgeber und in Paula Weinbach als Autorin dieses großartigen Buchs. Das bedeutet uns wirklich viel, weshalb wir dir den Ratgeber „Habit Hacks - 10 unscheinbare Schlüssel Gewohnheiten, die dein Leben verändern," als Download schenken - vollkommen gratis! Zudem möchten wir dir die Möglichkeit eines direkten Austauschs mit der Autorin anbieten. So kannst du z.B. deine Fragen, dein Feedback oder deine Anregungen Paula zukommen lassen - eine tolle Möglichkeit für die Kommunikation zwischen Leser und Autorin!

Diese kleinen und unscheinbaren Schlüssel Gewohnheiten verändern dein Leben - erfahre:

✓ wie eine kleine Veränderung beim Duschen deine Disziplin stärkt und dir einen Energiekick verschafft...

✓ wie eine Prise Salz dir einen Kickstart am Morgen verschaffen kann...

✓ wie eine kleine Einstellung an deinem Smartphone & Computer deinen Schlaf verbessert...

✓ und noch weitere geniale und unscheinbare Habit Hacks!

Wenn du bereit bist, dein Leben mit einigen simplen Habit Hacks auf das nächste Level zu bringen, dann gehe jetzt auf

<u>www.KRPublishing.de/aus</u>

und sichere dir dein kostenloses Exemplar als digitalen Download.

Impressum

Herausgeber:

KR Publishing UG (haftungsbeschränkt)
Mundsburger Damm 26
22087 Hamburg
Deutschland

Copyright © 2019 KR Publishing
Alle Rechte vorbehalten

Printed in Poland
by Amazon Fulfillment
Poland Sp. z o.o., Wrocław